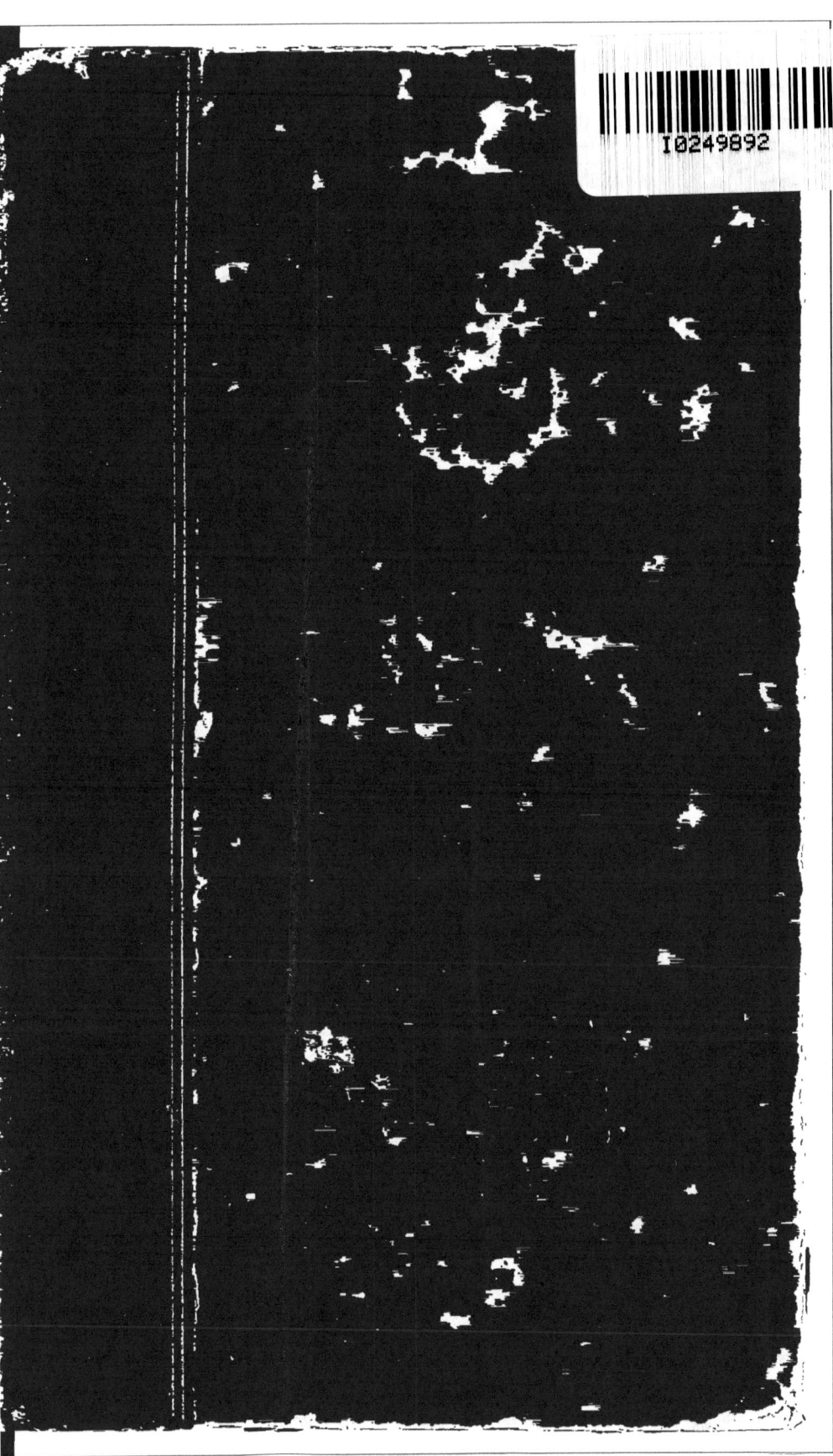

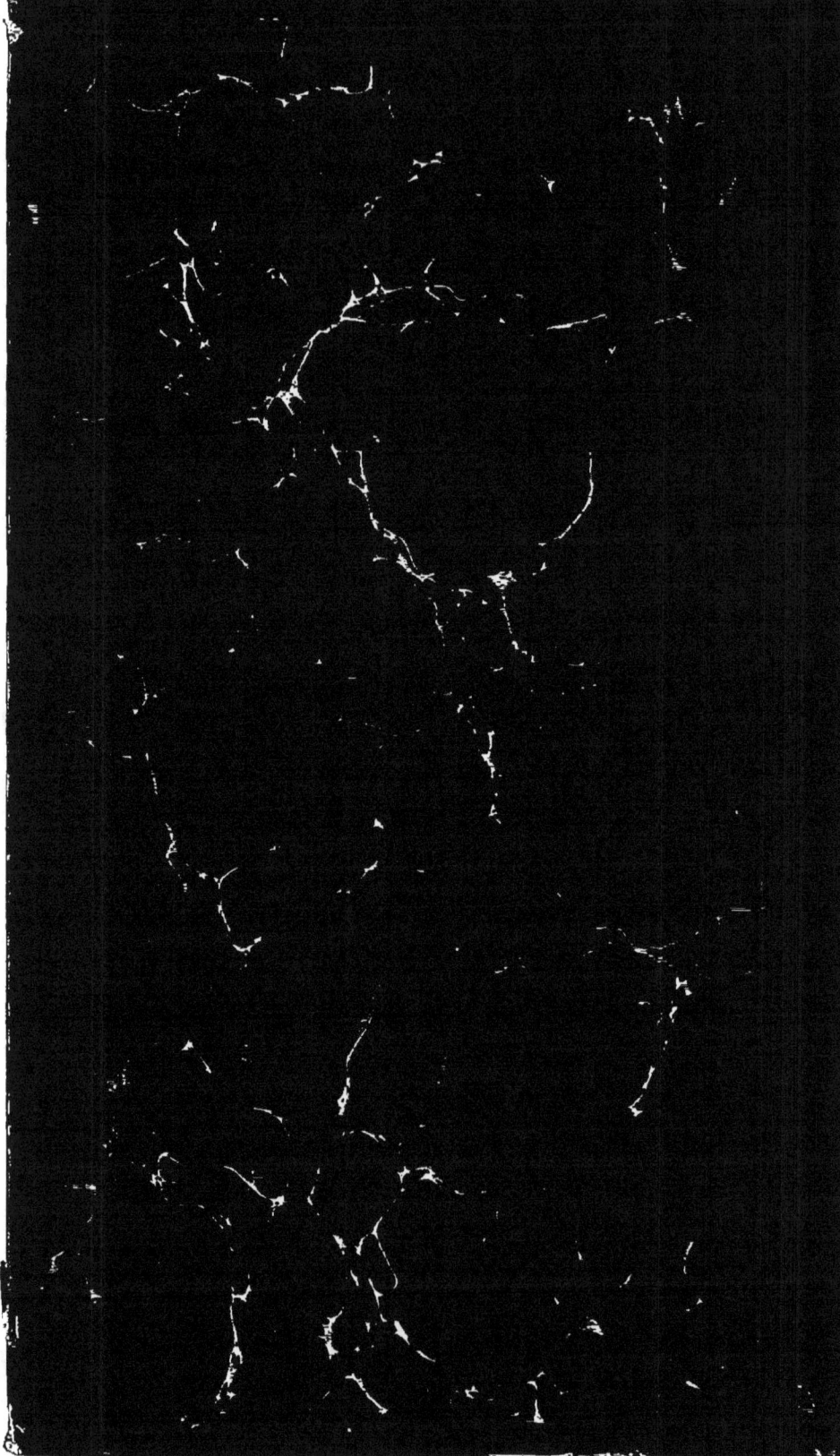

# HISTOIRE ANECDOTIQUE

DU

# DRAPEAU FRANÇAIS

## OUVRAGE ADMIS

Par le ministère de l'Instruction publique pour les Bibliothèques scolaires;

Par le Ministère de la Guerre pour les Bibliothèques militaires;

Par le Ministère de la Marine pour les Bibliothèques des équipages de la flotte, etc.;

Par l'Œuvre des Bibliothèques des sous-officiers et soldats de l'armée;

Par la Réunion des Officiers de terre et de mer;

Par la Société Franklin.

Pour les bibliothèques populaires libres et communales et pour être donné en prix dans les lycées et collèges.

Cet ouvrage a été honoré de médailles d'honneur en argent, grand module, par la Société d'Instruction et d'éducation populaires et par la Société nationale d'Encouragement au Bien.

PUBLICATION DE LA RÉUNION DES OFFICIERS

# HISTOIRE

### ANECDOTIQUE

### DU

# DRAPEAU FRANÇAIS

PAR

DÉSIRÉ LACROIX

Rédacteur au *Moniteur de l'armée*

NEUVIÈME ÉDITION

Contenant la liste des noms de batailles approuvés par le Ministre de la guerre, pour être inscrits sur les drapeaux et étendards des corps de troupe de l'armée.

PARIS

IMPRIMERIE LALOUX FILS ET GUILLOT

7, RUE DES CANETTES, 7

1882

# A

## M. Auguste TURPIN
Chevalier de la Légion d'Honneur
ANCIEN CHEF DE SECTION AUX ARCHIVES DU DÉPÔT
DE LA GUERRE

*Hommage de mon affectueuse sympathie et de ma profonde reconnaissance*

*Désiré Lacroix.*

# A LA JEUNESSE FRANÇAISE

« A la gloire, aux dangers, c'est lui qui vous convie,
Car, vous le savez tous, le drapeau, c'est la vie
Et l'honneur du soldat. »

En écrivant l'histoire du drapeau, notre intention n'est pas de commenter cette vertu militaire, cette foi religieuse qui portent le soldat à sacrifier sa vie pour l'emblème sacré auquel est attaché l'honneur de son régiment.

Le drapeau, c'est la patrie! s'est écrié un jour un vrai Français, un homme de cœur et de génie, et si l'on voulait contester cette vérité, les soldats, les marins seraient là pour raconter d'une voix unanime les émotions, les grandes résolutions que leur inspire le symbole national flottant sur une terre étrangère, au sommet d'un rocher désert ou sur un champ de bataille.

« Le drapeau, a dit le général Ambert, c'est le clocher du village, il abrite le régiment; on vit sous son ombre, et sous son ombre on meurt.

« Dans ses plis glorieux, il renferme l'honneur de la France.

« Il est le point lumineux où se rencontrent tous les regards; loin de la famille et de la patrie, il rappelle la famille et la patrie; il est la relique, il est l'arbre généalogique du régiment. »

Abandonner le drapeau, le trahir, est plus que honte et lâcheté, c'est un sacrilége.

Des générations de soldats sont passées sous le drapeau du régiment et se sont légué comme un pieux héritage cette grande part de l'honneur national.

Le drapeau, c'est l'histoire de la France.

Le drapeau reçoit des honneurs sacrés;

les troupes lui présentent les armes comme à un souverain, à un prince ou à un chef militaire ; quand le drapeau apparaît, la musique salue sa bienvenue, les tambours battent et les clairons jettent leurs notes dans les airs.

Le drapeau est béni par la Religion, et toujours une garde d'honneur veille près de lui.

Le drapeau, c'est toute la nation française, c'est le signe de tout ce qui est grand.

« Pour ces hommes si divers qui composent une armée, hommes venus de pays lointains, parlant vingt langages différents, professant plusieurs religions, appartenant à des races tranchées, les uns doctes, les autres ignorants, il est un symbole qui les réunit en un seul faisceau, qui parle à leurs cœurs une langue universelle, c'est le drapeau ! »

Combien de fois, la nuit sur la terre étrangère, le jeune soldat, les yeux mouillés de larmes en songeant à la patrie absente, n'a-t-il pas été rassuré en apercevant le drapeau? Combien de fois le vieux soldat mourant n'a-t-il pas cru trouver dans les frôlements du drapeau, dans les murmures de ses ondulations, les soupirs et les caresses de la famille? Combien de fois, errants à travers les plaines, égarés, accablés, de pauvres soldats près de succomber n'ont-ils pas fait un suprême effort, pour suivre le drapeau du régiment qui allait disparaître à l'horizon?

« Lorsqu'au delà des frontières, notre œil ne retrouve plus l'aspect des champs de notre enfance, lorsque notre oreille n'est frappée que de sons incompris, lorsque notre cœur cherche vainement un cœur ami, lorsque la pensée semble nous fuir pour retourner vers la patrie sur l'aile des souvenirs, lorsque l'espérance elle-même va nous abandonner, la vue du drapeau nous ranime. »

Vous tous qui avez eu un frère, un fils, un père, un ami, prisonnier de guerre, demandez-lui s'il n'a pas senti ses yeux se mouiller de larmes, lorsqu'au retour de sa dure captivité il a aperçu le drapeau de notre chère patrie!

L'amour du drapeau a été l'occasion de mille et mille actions héroïques, et comme ces actions ont été accomplies par nos aînés, nous avons pensé que ce serait rendre un hommage à leur mémoire que de rappeler ici les noms de ceux qui ont aidé à la gloire de la France. Ce sera, croyons-nous, la meilleure histoire du drapeau ; l'on y verra que depuis les temps les plus reculés jusqu'à nos jours, officiers ou soldats, tous au milieu des combats ont donné des preuves du même dévouement et du même héroïsme.

## LE 76ᵉ DE LIGNE RETROUVANT SES DRAPEAUX

« Les deux drapeaux que le 76ᵉ de ligne avait perdus dans les Grisons, ce qui était pour ce corps le motif d'une affliction profonde, ces drapeaux, sujets d'un si noble regret, se sont trouvés dans l'arsenal d'Inspruck... » (Voir p. 57.)

# HISTOIRE ANECDOTIQUE

DU

# DRAPEAU FRANÇAIS

## I

« Les croyances sont saintes ; elles font les grandes nations. »

### 395—1415

Emblèmes anciens. — Emblèmes des Gaulois, des Francs, des Francs-Ripuaires. — La chape de saint Martin. — Clovis à la bataille de Vouillé. — Charles Martel et la chape de saint Martin. — Les symboles militaires sous Charlemagne. — La bannière de France. — L'oriflamme de l'abbaye de Saint-Denis. — Philippe-Auguste lève l'oriflamme. — Serment des chevaliers porte-oriflamme. — Bataille de Bouvines. — Lutte que soutient Gall de Montigny. — Les Français s'emparent de l'étendard de l'empereur Othon. — Mort du porte-oriflamme Auseau de Chevreuse.

L'homme seul, entre tous les êtres de la création, connaît sa patrie ; l'homme seul aime sa patrie de cet immense amour qui fait que nous n'hésitons point à donner, même sans retour et sans récompense, nos travaux, nos soins, nos veilles, toute notre vie et tout notre sang.

Or, l'image de la patrie, son plus brillant et plus naturel emblème, c'est le drapeau.

Les drapeaux de la patrie, partout où ils flottent, dans les villes comme aux champs, font naître et grandir les vaillants et les braves, et il n'est pas de cœur qui ne se sente ému, enflammé tout ensemble à l'aspect des couleurs du drapeau.

Si le mot est d'invention moderne, c'est dans la nuit des temps que se perd l'origine de ce symbole guerrier. Il nous serait facile d'énumérer toutes les formes sous lesquelles il s'est produit chez les peuples militaires, depuis le lion, le navire et le ciel étoilé des tribus d'Israël, l'ichneumon des Egyptiens, la colombe des Chaldéens, la chouette d'Athènes, le sphinx de Thèbes, le cheval ailé de Corinthe, jusqu'à la louve et à l'aigle de Rome; figures, images, hiéroglyphes peints, dessinés ou brodés d'une façon bizarre sur des étoffes grossières, mais que rehaussait déjà un certain prestige de gloire, tant il est vrai que ces objets de vénération, flottant au vent du champ de bataille, n'y servaient pas seulement à rallier les combattants; ils représentaient encore à leurs yeux la patrie absente, et c'était un devoir de mourir bravement pour les défendre.

Nous n'évoquons le souvenir des Romains que parce que nos pères les ont imités ; ils leur ont emprunté le *vexillum* et le *signum militare*, bannières d'étoffe de pourpre attachées à l'extrémité d'une pique et que les Francs adoptèrent pour marcher au combat. — Il ne faut pas chercher ailleurs la véritable origine du drapeau, c'est-à-dire de toute espèce d'enseignes formées d'une draperie, tels que le labarum byzantin, le gonfalon d'Italie, les chapes, les oriflammes, les carrouzes, les bannières, les cornettes, les pennons des chevaliers, les pavillons, les fanions, les étendards, les guidons, enfin les drapeaux.

Bien des historiens s'accordent à dire que c'est sous Charles VIII que l'on créa la dénomination du mot *drapeau*, dénomination importée d'Italie par l'armée de ce souverain.

Mais qu'importe le mot nouveau; nos pères bien avant nous avaient marché aux combats sous des bannières, des étendards ou des pennons qui n'en étaient pas moins des symboles. Donc la dénomination ne doit rien faire, pas plus que le nom de demi-brigades donné en 1792 aux anciens régiments. Le nom avait changé, c'est vrai, mais les hommes de Valmy, de Castiglione et d'Arcole étaient les dignes fils des soldats de Rocroi.

L'emblème militaire et national des Gaulois était le sanglier, et ils portaient pour étendards des pièces d'étoffe sur lesquelles étaient représentées certaines figures d'animaux emblématiques, telles que des dragons, des serpents, des taureaux, divers oiseaux, etc. Les bannières des Francs portaient aussi des emblèmes. Les Francs-Ripuaires avaient pour symbole une épée, la pointe en haut; les Francs-Saliens et les Sicambres une tête de bœuf. Des animaux figurèrent également sur la bannière de la première race de nos rois, puis on leur substitua des images de saints.

Ainsi, il est beaucoup fait mention dans nos histoires de la première et de la seconde race de la chape de saint Martin, qui était un voile de taffetas sur lequel le saint était peint, et qu'on avait posé un jour ou deux sur son tombeau. Ce voile était gardé avec respect sous une tente. Avant d'en venir aux mains on le portait comme en triomphe autour du camp.

Clovis, converti au christianisme, avait adopté cette chape comme étendard, et la fit porter contre Alaric, à la bataille de Vouillé (année 507). Deux siècles après, les Arabes ne se lassant point d'envahir tant qu'il y avait de la terre devant eux, ravagèrent le midi de la Gaule. Avide autant que vaillant, leur chef Abd-Er-Rhaman, qui avait entendu parler du trésor de l'abbaye de Saint-Martin, s'était dirigé sur Tours. Il arrivait déjà sous les murs de cette ville, mais au bruit de cette invasion (octobre 732), Charles, qui devait, à partir de ce moment, recevoir le surnom de *Martel*, accourt avec le palladium national, et la chape de saint Martin voit reculer le flot des envahisseurs (1). La *Chanson de Roland*, qui est tout à la fois un poëme épique et un monument historique, et qui fut composée vers la fin du xi$^e$ siècle, porte un témoignage pouvant faire présumer que la bannière de saint Martin était l'étendard suprême du temps de Charlemagne. En 838, elle vit devant Tours la défaite des Northmans qui dévastaient tout le pays depuis l'embouchure de la Loire. Pour perpétuer le souvenir de cette victoire, on érigea sur le champ de bataille même, une chapelle sous le vocable de Saint-Martin.

La guerre terminée, on rapportait la chape aux moines de l'abbaye de Marmoutiers, située aux portes de Tours, et dédiée à saint Martin, son fondateur.

Du temps de Charlemagne, pendant toute la durée de sa dynastie, il y avait aussi des symboles militaires, qui n'étaient vraisemblablement autre chose que des drapeaux d'étoffe.

Au xi$^e$ siècle, la bannière de France était placée sur un char couvert de tapis en soie et or ; ce char avait un tel développement, qu'il contenait un petit autel pour célébrer la

---

(1) Lègues. *Le Drapeau national, son historique.*

messe, ainsi que dix chevaliers qui veillaient nuit et jour, et dix trompettes dont les

La chape de saint Martin
CLOVIS
Bleu turquin.

Le drapeau carlovingien
CHARLEMAGNE
Bleu avec 6 trèfles rouge

fanfares animaient les troupes. Cette bannière se plaçait au milieu de l'armée. — L'enlever, la défendre, devenaient le but des actions les plus héroïques des deux partis. Tous les efforts se réunissaient autour de la bannière.

La bannière de France  
SAINT LOUIS  
D'azur aux fleurs de lis d'or.

L'oriflamme  
CHARLES V  
Pourpre avec ornements d'or.

Les grands vassaux arboraient leurs bannières; les soldats du souverain et ceux du seigneur se contentaient de suivre en guerre le gonfalon ou le pennon, étendard terminé en flamme et porté par des chevaliers de second ordre qu'on appelait bacheliers, autrement dit bas-chevaliers.

A la chape de saint Martin, qui fut en vogue 600 ans, succéda une autre bannière que l'on a appelée l'*oriflamme.*

Du Cange a écrit sur l'oriflamme une dissertation aussi savante que curieuse :

« L'oriflamme, dit-il, estoit la bannière et l'enseigne ordinaire dont l'abbé et les moines de la royale abbaye de Saint-Denys se servoient dans leurs guerres particulières...

« On a donné le nom d'oriflamme à cette bannière, parce qu'elle estoit descoupée par le bas en figure de flamme, ou parce qu'estant de couleur vermeille, lorsqu'elle voltigeoit au vent, elle paroissoit de loin en guise de flamme, et, en outre, parce que la matière de la lance qui la soutenoit estoit dorée.

« Elle n'a été portée par nos roys dans leurs guerres qu'après qu'ils sont devenus propriétaires des comtez de Pontoise et de Mantes, c'est-à-dire du Vexin. »

L'oriflamme passa donc avec le Vexin aux mains de Louis le Gros, qui la reçut, dit l'abbé Suger, son ministre et son biographe, « avec le respectueux dévoucment dû à un seigneur suzerain. » Le roi le reconnaît par une charte de l'an 1126 : « Nous prenons l'étendard sur l'autel des Saints-Martyrs, auquel appartient le comté du Vexin, que nous avons en fief, nous imitons ainsi l'usage antique des comtes du Vexin, nos prédécesseurs. »

Philippe-Auguste prit l'oriflamme, en 1190, comme l'atteste son contemporain Guillaume Guiart :

> L'écharpe et le bourdon va prendre
> A Saint-Denys, dedans l'yglise ;
> Puis a l'oriflambe resquise,
> Que l'abbés de céanz li baille,
> Devant luy l'aura en bataille,
> Quant entre, Sarrazinz sera,
> Plus seur en assemblera.

Ce même Guillaume confirme ainsi la description de l'oriflamme :

> L'oriflambe est une bannière,
> Aucun poi plus forte que guimple,
> De cendal roujoyant et simple,
> Sans portraiture d'autre affaire...
> Et l'oriflambe est au vent mise,
> Aval, lequel va ondoyant,
> De cendal simple roujoyant,
> Sans ce qu'autre œuvre y soit pourtraite.
> Entour s'est l'ost de France traite.

La levée de l'oriflamme donnait lieu à une cérémonie environnée du caractère le plus pompeux. Le roi, après avoir communié à Notre-Dame, se dirigeait vers Saint-Denis.

Après la messe et la bénédiction, il recevait, à genoux, des mains de l'abbé, l'oriflamme; puis il la confiait à un « chevalier loyal, preudhomme et vaillant. »

Le chevalier désigné se confessait, recevait l'Eucharistie et faisait serment sur l'hostie de garder fidèlement l'oriflamme jusqu'à la mort. Voici le serment qui était fait :

« Vous jurez et promettez sur le précieux corps de Jésus-Christ sacré cy-présent et sur le corps de mon seigneur saint Denys et ses compaignons qui cy sont, que vous loyalement en votre personne tendrez et gouvernerez l'oriflamme du roy mon seigneur, qui cy est, à l'honneur et profit de lui et de son royaume et pour doute de la mort, ne autre aventure qui puisse venir, ne la délaisserez et ferez partout vostre devoir, comme bon et loyal chevalier doit faire envers son souverain et droicturier seigneur. »

Parmi ceux qui furent investis de cette charge, le père Anselme cite : Gall, sire de Montigny (1215) (1); Auseau, seigneur de Chevreuse (1304); Raoul *dit* Herpin, seigneur de Herquery (1315); Miles, seigneur de Noyers (1328); Geoffroy de Charny (1355); Arnoul, seigneur d'Audenehan (1368); Pierre de Villiers, seigneur de l'Isle-Adam (1372); Guy, sire de la

(1) Dans *Le Militaire de France* de Lemeau de la Jaisse, (1735) figure Galois, seigneur de Montigni, *porte-oriflamme* en 1214 à la bataille de Bouvines

Trémoille (1383); Guillaume, seigneur des Bordes; Pierre d'Aumont, *dit* Hutin (1397); Guillaume Martel, seigneur de Bacqueville (1414).

Tous ces preux chevaliers, plus d'une fois, accomplirent leur serment avec une fidélité héroïque.

A la bataille de Bouvines, il est dit que Philippe-Auguste était entouré de tous ses sergents d'armes, corps bien remarquable par la bannière royale qui paraissait au milieu d'eux, semée de fleurs de lis d'or. Elle était portée par Gall de Montigny, un des plus braves chevaliers de l'armée française. Une furieuse mêlée s'établit sur ce point. Les Allemands conduits par l'empereur Othon n'en veulent qu'à Philippe. On lui portait de tous côtés des coups que sa force et la bonté de ses armes rendaient sans effet. Enfin, un cavalier allemand l'atteignit au défaut de la cuirasse avec un de ces javelots à double crochet dont se servaient les anciens Francs, et, le tirant avec violence, il le renversa à terre. Toute la bravoure de ceux qui combattaient aux côtés du roi ne put le préserver d'être foulé aux pieds des chevaux. Montigny, cependant, agitait constamment la bannière royale pour faire connaître aux autres troupes le péril où se trouvait leur roi. Ce vaillant chevalier vit ses efforts couronnes de succès et aidé de l'un des sergents d'armes, ils donnèrent à Philippe le temps de se relever et de monter le cheval de Pierre Tristan, qui, de son côté, n'avait pas combattu avec moins de dévouement que Montigny pour la défense et du roi et de la bannière. Un renfort étant arrivé à Philippe, les Allemands furent dispersés, mis complétement en déroute et l'étendard impérial de l'empereur Othon resta en possession des Français (1).

Témoin encore ce vaillant Auseau de Chevreuse qui, à la bataille de Mons-en-Puelle (1304), fut trouvé mort l'oriflamme serrée dans ses bras.

Ainsi, l'oriflamme fut portée à la tête des armées sous Louis VIII, contre les Albigeois; sous Louis IX, dans la guerre contre l'Angleterre, en 1242; dans les croisades, en 1248 et en 1269. Elle est portée sous Philippe le Hardi, en 1276, contre Alphonse de Castille, et de nouveau il l'arbore, en 1285. Philippe le Bel la porte, en 1304, à la bataille de Mons-en-Puelle, contre les Flamands. On retrouve une oriflamme, en 1314, dans la guerre de Louis le Hutin, éga-

---

(1) Cet emblême, figure massive d'un aigle au bout d'une longue perche, était traîné sur un chariot attelé de bœufs. — Philippe-Auguste rapporta, à Paris, ce trophée à la tête de son armée.

lement contre les Flamands. Elle est déployée, en 1328, à la bataille de Mont-Cassel; en 1356, à la bataille de Poitiers; en 1381, sous Charles VI, elle guide l'armée en Flandre; en 1412, Charles la porte en Berry, et la lève de nouveau en 1414. Il n'en est plus question depuis la bataille d'Azincourt, en 1415, comme l'attestent plusieurs historiens.

Cependant d'autres auteurs témoignent que Charles VII l'aurait reprise après l'expulsion des Anglais (Jarro, 1777), et un ouvrage imprimé en 1686 (*De l'origine et des progrès de la monarchie française*) affirme que l'on portait encore l'oriflamme à la guerre. L'*Encyclopédie* (1715) rapporte que, suivant une chronique manuscrite, Louis XI l'aurait reçue des mains du cardinal d'Albi, dans l'église de Sainte-Catherine-du-Val-des-Ecoliers, lors de la guerre contre les Bourguignons. Enfin, dans un inventaire de Saint-Denis, dressé en 1504, et dans un procès-verbal de 1534, il est question d'un étendard qu'on croit être l'*oriflambe*. Le célèbre historien Félibien, de son côté, assure que, en 1594, lors de la réduction de Paris, « on la voyoit encore au thrésor de l'abbaye, mais à demi-rongée des mites. »

En même temps que l'oriflamme, ou du moins peu de temps après, apparut dans les armées, la bannière sous laquelle se rangèrent les vassaux; elle figura sur les champs de bataille des XIII<sup>e</sup>, XIV<sup>e</sup> et XV<sup>e</sup> siècles.

Sa forme, c'était un morceau d'étoffe carré attaché latéralement à la hampe et sans queues.

## II

*Le drapeau ! mot puissant qui secoue et réveille,
Et dans les jours de paix vous arrive à l'oreille
Comme un son du clairon.*

### 1422—1789

La bannière sous Charles VII. — La croix blanche et la croix rouge. — Etendard des Francs-Archers. — Raoul de Lannois à l'assaut du Quesnoi. — Origine du mot drapeau. — La cornette royale. — Le drapeau blanc du colonel-général. — Henri IV et son panache blanc. — Bataille d'Ivry; le duc de Mayenne y perd sa cornette blanche. — Les drapeaux des régiments. — Les 30 drapeaux des gardes-françaises. — Les drapeaux sous Louis XIV. — Anecdotes.

Dès le règne de Charles VII, on voit s'ajouter sur l'antique bannière de France une marque nouvelle, une nouvelle couleur : cette marque, c'est la croix; cette couleur nouvelle, c'est le blanc.

La croix blanche était un insigne que les Français portaient sur leurs vêtements de guerre, par opposition directe aux Anglais qui portaient la croix rouge. Du vêtement, ce signe distinctif passa sur l'étendard. Les francs-archers marchaient sous l'étendard bleu semé de fleurs

Le drapeau de l'infanterie
CHARLES VIII
Bleu semé de fleurs de lis d'or à croix blanche.

de lis d'or, traversé par une croix blanche.
A l'assaut du Quesnoi (2 février 1478), *Raoul de Lannois,* gentilhomme flamand, s'élance sur

les remparts de la ville et y plante le premier le drapeau royal. Le roi, une fois maître de la ville, fait venir ce brave chevalier et lui jetant autour du cou la chaîne d'or de l'ordre de Saint-Michel, ordre institué par le roi en 1469 : « Par la Pâques Dieu, lui dit gaiement Louis XI, vous êtes trop furieux en un combat, mon ami, il vous faut enchaîner ; car je ne veux pas vous perdre, désirant plus d'une fois me servir de vous contre mes ennemis. »

Ce fut le même qui flottait à Marignan, cette victoire qui répara les journées de Crécy, de Poitiers et d'Azincourt.

C'est sous Charles VIII, au retour de son expédition d'Italie, que l'on aurait francisé, suivant quelques autorités, l'italien *drapello*, signifiant enseigne d'équipement, et provenu du bas latin *drapellum*. Les aventuriers des milices italiennes usaient par analogie de l'expression *drapella*, lance de drapeau, ou fer de lance ; ils en avaient composé le verbe *indrapellare*, qui était si expressif et signifiait enrôler, ranger des hommes sous le drapeau, mais il paraît qu'en français le terme drapeau n'aurait pris vogue que bien plus tard, puisque Henri Estienne le mentionne comme tout nouveau de son temps (1583) (1).

(1) Bardin, *Dictionnaire de l'armée de terre*, p. 1,965.

Vers le milieu du xvi⁰ siècle, le drapeau déployait quatre quartiers, deux bleus, deux blancs, toujours avec un semis de fleur de lis d'or. Vingt ans plus tard, il était mi-parti horizontalement bleu en haut et blanc en bas

La cornette royale, de couleur blanche, n'était arborée aux armées que lorsque le roi commandait en personne. Dans un ouvrage de Philippe de Clèves (1520), on lit cette phrase adressée au souverain qui marche à la tête de ses troupes :

*Doit estre la dicte cornette différente aux aultres, et que chascun la congnoise, et jamais ne doit estre déployée, si vous n'y êtes.*

Brantôme, parlant de Bussy, à la date de 1570, raconte que Turenne, venant rejoindre l'armée française vers Moulins, y amena 1,200 arquebusiers pour Lavedant, qui en était le colonel, et entra dans le camp avec son drapeau blanc. Mais Bussy, qui avait le droit exclusif du drapeau blanc, comme colonel général de l'infanterie, parla à Monsieur pour faire disparaître ce drapeau, qu'autrement il y aurait du désordre. Monsieur le pria de temporiser, parce qu'il ne fallait pas mécontenter Turenne. Bussy, perdant patience, se résolut, avec douze braves, de prendre, arracher, enlever le drapeau blanc. Monsieur s'en fâcha et accorda le tout.

Ailleurs, Brantôme raconte semblable aventure de Brissac, qui ayant la charge de colonel

Enseigne des bandes
FRANÇOIS 1ᵉʳ
Mi-partie bleu et blanc.

La cornette blanche royale
HENRI IV
Blanc uni.

général, conçut la même jalousie. « Il avait, dit-il, aimé mon frère Dardelay ; cependant il avait résolu, s'il fut sorti du siége de Chartres, de se battre avec lui ou qu'il quittât l'enseigne blanche. »

A la bataille d'Ivry (14 mars 1590), le chevalier Pot-de-Rhode, qui portait la cornette blanche de Henri IV, ayant été blessé, puis entraîné hors du combat par son cheval, il en résulta que cette disposition mit un certain désordre dans les troupes. C'est alors que Henri IV adressa à ceux qui l'entouraient cette allocution devenue célèbre : « Si la cornette vous manque, suivez mon panache blanc, il vous guidera toujours au chemin de l'honneur » (1).

Dans un dessin du temps, représentant le siége d'Amiens en 1597, on voit derrière le roi Henri IV, un officier tenant la *cornette blanche*, qui est un petit fanion carré au bout d'une très-longue pique.

Lorsque les milices reçurent une organisation régulière et achevèrent de se former en régiments, on donna le nom de drapeau aux enseignes de l'infanterie, et celui d'étendard aux enseignes de la cavalerie. Ces emblèmes n'avaient rien de commun entre eux. Il y avait

---

(1) Le duc de Mayenne, chef de l'armée de la Ligue, qui à cette affaire fut vaincue par Henri IV, avait de son côté, comme marque de son autorité, une *cornette blanche, chargée de la croix de Lorraine*. M. de Sicogne, qui la portait, fut tué, et elle resta au pouvoir de Sully comme trophée de la victoire.

dans les régiments autant de drapeaux que de compagnies, plus tard autant seulement que de bataillons. Celui de la colonelle était blanc et orné de fleurs de lis, de couronnes ou de chiffres, les autres drapeaux étaient de diverses couleurs; ainsi le régiment de Picardie avait huit drapeaux *rouges;* le régiment de Champagne en comptait huit *verts;* celui de Navarre, onze *jaunes;* ceux du régiment d'Auvergne étaient violets et noirs (1). D'après *l'état militaire* de 1734, le régiment des gardes françaises a *trente drapeaux,* dont un drapeau colonel, de taffetas blanc et croix blanche au milieu, avec quatre couronnes de France, peintes en or, aux branches de la croix. Les vingt-neuf drapeaux d'ordonnance sont de taffetas bleu, semés de fleurs de lis d'or, et même croix blanche avec quatre couronnes peintes en or sur chacune des croix (2).

Mais, on le voit, avant le règne de Louis XIV, la plupart des colonels, pour ne pas dire tous, eurent parmi leurs drapeaux, un fanion de couleur blanche, comme signe de commandement supérieur, comme imitation des colo-

(1) En outre tous les drapeaux de l'infanterie avaient la croix blanche.

(2) D'après *la Gazette* du 5 août 1774, en relatant la cérémonie de la mort de Louis XV, il est dit : Devant le sarcophage était disposé la bannière de France en velours violet semée de fleurs de lis d'or ainsi que le pannon du roi, d'étoffe bleue, pareillement semé de fleurs de lis d'or.

nels-généraux, le blanc étant l'emblème du commandement militaire.

Drapeau des gardes françaises
LOUIS XV
Bleu à la croix blanche fleurdelisée.

Lorsque Louis XIV abolit en 1661 les charges de colonels-généraux, il transporta leurs prérogatives à la couronne. — Le drapeau blanc devint donc alors le pennon du roi considéré comme chef de son armée. — Cela peut s'appuyer en effet sur une ordonnance du 12 mai 1696 qui prescrit que le drapeau blanc ne serait porté que par les *gardes* qui monteraient chez le roi ou le Dauphin. — Ce drapeau blanc devait toujours être accompagné d'un drapeau d'ordonnance, qui était celui de la troupe.

Le drapeau blanc était le premier du régiment et la compagnie colonelle en avait la garde. — Pendant la guerre de 1741, le drapeau blanc fut confié à la première compagnie du bataillon, afin de mieux exprimer que cette enseigne blanche était au roi et non au colonel. Cependant toute troupe qui n'était pas commandée par un colonel ne possédait pas de drapeau blanc. Henri IV lui-même avait donné pour ralliement à ses soldats, la cornette blanche et le panache blanc du commandement (1).

De siècle en siècle, partout où la gloire française s'est montrée, ces enseignes acquièrent un nouveau lustre et de belles pages de notre histoire se sont écrites en quelque sorte à son om-

---

(1) Depuis 1635 jusqu'au 17 mars 1788, date de la suppression de la charge de colonel-général de la cavalerie, la *cornette blanche reste la marque de l'autorité du colonel-général de la cavalerie, et fut l'étendard de la compagnie qui lui appartenait en propre*, dans le régiment portant le nom de cet officier. *C'était le seul étendard blanc qu'il y eut dans toute l'arme de la cavalerie.* (Cte de Bouillé, **Les drapeaux français.**)

bre et à sa lumière (1). Le 8 juillet de l'année 1652, le régiment de Champagne (8ᵉ d'infanterie) est assiégé dans Miradoux. Sommé par Condé de se rendre, avec menace d'être pendu et de voir son régiment passé au fil de l'épée s'il tarde encore, le baron de Lamothe Vedel colonel du régiment, se contenta de répondre ces simples paroles, devenues la devise du corps : « *Je suis du régiment de Champagne.* » Il justifie la hauteur de sa réponse par une belle défense qui donne le temps au comte d'Harcourt de venir le dégager. Les habitants de Miradoux, pour perpétuer le souvenir de cette action, conservèrent longtemps l'usage de donner des drapeaux neufs au régiment de Champagne, toutes les fois qu'il traversait leur ville.

A l'attaque de Stenay (25 août 1654), le capitaine Fisicat, du régiment de Turenne, saisissant le drapeau de sa compagnie, court suivi de quelques soldats vers le dernier retranche-

---

(1) Dans l'ancienne infanterie, les drapeaux étaient portés par les *enseignes* et plus tard par des sous-lieutenants. Dans la cavalerie, les étendards étaient portés par des *cornettes*, et par des *guidons* dans les régiments de dragons. C'étaient souvent presque des enfants à qui revenait le périlleux honneur de tenir haut et ferme le signe de l'honneur. L'histoire a conservé le nom du jeune Brichanteau, âgé de 14 ans, « enseigne-colonelle » du régiment de Lorraine, qui se signala le 11 juillet 1640 à la bataille gagnée sur les Espagnols.

ment, et plante son enseigne sur le parapet en criant : *Vive Turenne.* Cet acte d'intrépidité enhardit les bataillons français en même temps qu'il intimide l'ennemi, et les lignes sont emportées.

Le 18 juin 1673, plusieurs colonnes d'attaque échouent à l'assaut d'un ouvrage devant Maëstricht, sous les yeux de Louis XIV. Le régiment de la Couronne (aujourd'hui 45e), parvient à s'en emparer. Le roi le récompense par cette inscription mise sur son drapeau : « *Hanc Coronam Mastreka dedit.* »

Le 13 août 1704, à la bataille d'Hochstedt, le sergent de grenadiers Labussière, du régiment royal (23e de ligne), arrache des mains de l'ennemi et détruit le drapeau de son corps. A la même bataille, le régiment de Navarre, forcé de capituler, détruit ses drapeaux plutôt que de les livrer à l'ennemi.

Le 22 août 1742, dans une sortie que fit le régiment du roi (105e), un boulet ennemi coupe en deux la hampe du drapeau. L'enseigne, Chapt de Rastignac, continuait de le porter dans cet état ; mais les soldats, ne l'apercevant plus, croient qu'il est perdu, et s'écrient qu'il faut aller le chercher. Tout le régiment court à l'ennemi, et on profite de cet élan pour se rendre maître des tranchées. — C'est à cette occasion que le duc de Biron, grièvement blessé de deux coups de fusil, disait, pen-

dant qu'on posait l'appareil sur ses blessures :
« Peu m'importe ce qui arrivera, je suis content, mon régiment a soutenu sa réputation. »

Le 11 mai 1745, à la bataille de Fontenoy, au plus fort de la mêlée, Du Châtelet, porte-étendard des gendarmes du roi, est emporté par son cheval au milieu des escadrons ennemis. De Castelmoron, à peine âgé de treize ans, s'élance avec quatre autres gendarmes pour sauver l'étendard, qu'ils reprennent en se précipitant sur les Anglais.

A l'attaque des retranchements du col de l'Assiette, au combat sanglant du 19 juillet 1747, un enseigne du régiment d'Artois (48e), nommé Martial, âgé de douze ans, mortellement blessé, ne veut remettre à son sergent d'escorte le drapeau qu'il porte, que lorsqu'il est près d'expirer.

Éclatants ou sombres, riches ou humbles, ces drapeaux, ces guidons, cette cornette blanche, furent ceux de Marignan, de Rocroi, de Fribourg, de Nerwinde, de Fleurus, de Denain, de Fontenoy, d'Hastembeck, ils ombragèrent les dépouilles mortelles de Turenne à Saltzbach, ils flottèrent sur les murs inexpugnables de Berg-op-Zoom et de Mahon, et ils ne disparurent du champ de bataille que pour léguer à un autre drapeau tout un immense passé de gloire.

## III

« Qui pourrait raconter de ces combats sans nombre,
Tous les traits de courage ensevelis dans l'ombre ! »

### 1789—1804

Le drapeau des Gardes-Françaises après la prise de la Bastille. — Le drapeau aux trois couleurs. — Inscriptions sur les drapeaux des demi-brigades. — Le drapeau d'Arcole. — Récompenses nationales aux généraux Bonaparte et Augereau. — Lettre au général Lannes. — Le drapeau de l'armée d'Italie, fête en son honneur. — Anecdotes.

Après la prise de la Bastille les gardes-françaises servirent de noyau aux bataillons de la garde nationale de Paris. La garde du drapeau fut confiée à la compagnie de grenadiers des gardes-françaises : ce drapeau était l'*enseigne d'azur* à croix blanche du régiment des gardes. Seulement à la couronne royale qui terminait chacune des quatre branches de la croix, on avait substitué le bonnet de la Liberté, et l'on avait ajouté au centre de la croix, d'un côté l'image de la Bastille embrasée avec cette légende au-dessus : *Ex servitute libertas*, et de l'autre une couronne civique et ces mots : *Pro patria et lege* (1).

La révolution de 1789 ne tarda pas à adopter un drapeau unique, car l'assemblée constituante ordonnait le 24 octobre 1790 que le pavillon français serait composé de trois bandes égales et disposées verticalement : le rouge le plus près du bâton, le blanc au milieu, le bleu à l'extrémité. Ainsi, le drapeau adopté aux trois couleurs fut donc rouge, blanc et bleu. Peu de temps après le bleu remplaça le rouge près du bâton, et le rouge devint flottant.

Le drapeau national, prescrit dans tous les corps en 1792, se composait d'un grand carré d'étoffe de soie, sans ornement et sans broderie, coupé en trois parties par ses couleurs, et attaché à une hampe surmontée d'une lance dorée, ornée d'une cravate tricolore. On y voyait seulement le numéro de la demi-brigade ou du régiment, et, au revers, ces mots : *Discipline et obéissance à la loi* (2).

Avec le temps, quelques-uns reçurent des inscriptions très-significatives et des noms de victoires, innovation du général Bonaparte, qui consacrait par ce moyen le souvenir des prodiges accomplis par l'armée d'Italie.

(1) Susane. *Histoire de l'ancienne infanterie.* Tome II p. 147.
(2) Voir l'éphéméride du 29 Juin, p. 163.

La 18ᵉ demi-brigade avait sur son drapeau :
« *Brave 18ᵉ, je vous connais, l'ennemi ne tiendra pas devant vous.* »

La 57ᵉ avait sur le sien : *La terrible 57ᵉ demi-brigade que rien n'arrête.*

Sur celui de la 25ᵉ, on inscrivit : *La vingt-cinquième s'est couverte de gloire.*

Il ne faisait, en cette circonstance, que continuer la tradition de l'ancienne monarchie, dont des drapeaux portaient des devises en souvenir de belles actions guerrières (1).

Glorifier ainsi le drapeau, c'était à jamais glorifier le régiment, et le souvenir ne s'en est jamais perdu. Aussi, de là vient le véritable esprit de corps, qui a quelque chose d'élevé, de chevaleresque, tendant aux belles actions et prenant sa source dans le souvenir de celles qui ont mérité à tel ou tel régiment la confiance et les éloges des généraux.

Ce nouveau drapeau qui, pour inaugurer ses trois couleurs, alla affronter la mitraille de Jemmapes, servit à guider nos soldats victorieux dans les plaines d'Italie et couronna le sommet du Mont-Thabor, pour revenir rayonner d'une gloire immortelle à Marengo.

A Arcole, le 17 novembre 1796, les colonnes d'attaque s'élancent tour à tour sur le pont. Le

---

(1) Voir pages 36, 37.

canon les foudroie. En vain les généraux se précipitent à la tête des soldats et cherchent à

Drapeau de la 32e demi-brigade
1792-1804
Fond blanc, angles bleus et rouges.

les entraîner; ils tombent les uns après les autres; Lannes, Bon, Verne, Verdier, atteints par la mitraille, sont mis hors de combat. Augereau saisit un drapeau et s'élance à son tour au milieu du pont. La stupeur a glacé les courages. Témoin de cette hésitation qui peut tout perdre, le général Bonaparte saute à bas de son cheval, prend le drapeau échappé des mains d'Augereau et marche en avant en s'écriant : « Grenadiers, n'êtes-vous plus les braves de Lodi ! suivez votre général ! »

A ces paroles, les grenadiers s'ébranlent et le suivent, et l'armée est triomphante. A la nouvelle de cette victoire, le gouvernement décida que « les drapeaux français portés à la bataille d'Arcole contre les bataillons ennemis, par les généraux Bonaparte et Augereau leur sont donnés à titre de récompense, au nom de la nation.

Le Directoire exécutif est chargé de les faire remplacer dans les bataillons qui les ont fournis » (1).

Mais le jeune général en chef ne voulut pas prendre pour lui tout seul cette part si glorieuse, il la fit partager à ses compagnons, à ses soldats en écrivant à Lannes cette jolie lettre :

« Le Corps Législatif, mon cher général, me donne un drapeau en mémoire de la bataille d'Arcole. Il a voulu honorer l'armée d'Italie dans son général. Il fut, au champ d'Arcole, un instant où la victoire incertaine eut besoin de

(1) *Bulletin des Lois*, 7 pluviôse an **V**.

l'audace des chefs. Plein de sang et couvert de trois blessures, vous quittâtes l'ambulance résolu de mourir ou de vaincre. Je vous vis constamment, dans cette journée, au premier rang des braves. C'est vous également qui, à la tête de la colonne infernale, arrivâtes le premier à Dego, passâtes le Pô et l'Adda. C'est à vous à être le dépositaire de cet honorable drapeau, qui couvre de gloire les grenadiers que vous avez constamment commandés. Vous ne le déploierez désormais que lorsque tout mouvement en arrière sera inutile, et que la victoire consistera à rester maître du champ de bataille.

« BONAPARTE. »

Outre les drapeaux réglementaires, chaque armée de la République avait un drapeau à part, une espèce d'oriflamme qui lui était décernée comme récompense nationale et sur lequel était inscrit : *Telle armée a bien mérité de la patrie*, ou *n'a cessé de bien mériter de la patrie*. Après la guerre, ce drapeau particulier était rapporté en grande pompe au sein de la Convention ou du Directoire et donnait lieu à des fêtes publiques.

Après le traité de Campo-Formio, lorsque la célèbre armée d'Italie eut accompli sa première étape de gloire, le drapeau de l'armée fut rapporté au Directoire le 20 frimaire an VI.

Il portait d'un côté : *A l'armée d'Italie, la patrie reconnaissante !*

Sur l'autre côté, le nom de tous les combats qu'a livrés et de toutes les places qu'a prises l'armée d'Italie. On y lisait entre autres les inscriptions suivantes :

« Cent cinquante mille prisonniers. — Cent soixante-dix drapeaux. — Cinq cent cinquante pièces de siége. — Six cents pièces de campagne. — Cinq équipages de pont. — Neuf vaisseaux de 64 canons, douze frégates de 32, douze corvettes, dix-huit galères. — Armistice avec le roi de Sardaigne. — Convention avec Gênes. — Armistice avec le duc de Modène, le roi de Naples, le pape. — Préliminaires de Léoben, etc.

« Donné la liberté aux peuples de Bologne, Ferrare, Modène, Massa-Carrara, de la Romagne, de la Lombardie, etc.; aux peuples du département de Corcyre, de la mer Egée et d'Ithaque.

« Envoyé à Paris les chefs-d'œuvre de Michel-Ange, du Guerchin, du Titien, de Paul Véronèse, Corrége, Albane, des Carraches, Raphaël, Léonard de Vinci, etc., etc. »

Après le départ de Bonaparte, le drapeau fut suspendu solennellement à la voûte de la salle des séances du gouvernement.

Pour ce drapeau aux nouvelles couleurs, le dévouement fut le même que pour celui qui flottait à Fontenoy; tous ses défenseurs lui donnèrent le baptême de leur sang, et il n'y a pas de prouesses plus éclatantes que celles accomplies par eux.

Au combat de Châtillon-sur-Sambre (31 mars 1793), le 1ᵉʳ bataillon des volontaires de Saint-Denis, chargé à plusieurs reprises par le régiment de Barco, se repliait, lorque son porte-drapeau est tué. Le drapeau est prêt à tomber aux mains de l'ennemi, mais l'adjudant sous-officier *Legrand*, ralliant quelques hommes, se jette sur l'ennemi et parvient à donner le temps à ses camarades d'accourir pour sauver avec lui leur insigne.

Le 9 octobre 1793, à l'affaire de Mins, le porte-drapeau de la 108ᵉ demi-brigade tombe mort au milieu des rangs ennemis ; aussitôt une lutte sanglante a lieu pour reconquérir le drapeau, et le sergent-major Duret est assez heureux, quoique criblé de blessures, pour rapporter l'insigne de la 108ᵉ.

Le 20 décembre 1793, au combat du fort Saint-Elme, sur la frontière d'Espagne, le 2ᵉ bataillon de la 5ᵉ demi-brigade perd beaucoup de monde. Le drapeau passe de mains en mains, et tous les officiers et sous-officiers qui le prennent successivement sont tués. — Ce trophée tombe alors au pouvoir des Espagnols ; mais le capitaine Forestier, n'écoutant que son courage, s'élance au milieu des ennemis, l'emporte, le saisit, et parvient à le sauver.

A l'affaire de Geisberg (26 décembre 1793), près de Wissembourg, le sergent Adraste, du régiment de Rouergue-Infanterie, se fit remarquer ce jour-là par un trait de sublime courage. Ayant vu tomber sous les coups de l'ennemi le porte-drapeau du bataillon, il s'élança seul à travers les feux croisés des Autrichiens et fut assez heureux pour sauver son drapeau.

Les marins du vaisseau *le Vengeur*, voyant leur bâtiment prêt à sombrer, et ne voulant pas se rendre, lâchent à l'ennemi leur dernière bordée, au moment où la ligne d'eau arrive à hauteur de la batterie basse. Ils s'élancent ensuite sur le pont, grimpent aux mâts pour clouer le pavillon tricolore afin qu'il ne puisse tomber entre les mains de leurs adversaires ; puis à l'instant où ils vont disparaître dans la mer qui s'ouvre pour les engloutir, ils font retentir l'air du cri de *Vive la France! vive la Liberté !* (1er juin 1794).

Lebrun, dans une ode, a retracé ce sublime dévouement au drapeau et à la patrie par ces vers :

> Voyez ce drapeau tricolore,
> Qu'élève en périssant leur courage indompté ;
> Sur le flot qui le couvre, entendez-vous encore
> Ce cri : Vive la Liberté !

Le 14 janvier 1797, à la bataille de Rivoli, Bernard, voyant une colonne ennemie qui vient d'enlever le drapeau de la demi-brigade, la 14ᵉ de ligne, dans laquelle il est sergent, se précipite tête baissée sur les Autrichiens, reprend le trophée et tombe percé de coups pour ne plus se relever, en criant à ses camarades : « Mes amis, sauvez le drapeau et je meurs content. »

Au combat de Castel-San-Juan (2 juin 1798), le sergent Plomion, de la 58ᵉ de ligne, s'aperçoit que le porte-drapeau vient de tomber mort et qu'un soldat russe s'est emparé de ce trophée. Aussitôt il se précipite sur le Russe, lutte avec lui, lui arrache des mains le drapeau, et rejoint son bataillon au milieu d'une grêle de balles.

C'est ce drapeau tricolore qui soutint par la vue de ses couleurs le courage de nos soldats enfermés dans Gênes et réduits à la misère la plus grande et à la dernière extrémité ; lorsque l'ennemi parla de capitulation, Masséna et ses soldats en repoussèrent fièrement l'idée.

Masséna voulut, et il obtint, que sa petite armée pût se retirer librement avec armes et bagages, *drapeaux déployés*, avec faculté de combattre lorsqu'elle aurait dépassé les lignes ; « sinon, disait *l'enfant chéri de la victoire* aux plénipotentiaires autrichiens, je sortirai de Gênes les armes à la main, avec 8,000 hommes affamés ; je me présenterai à votre camp et je combattrai jusqu'à ce que je me sois fait jour. »

L'ennemi connaissait le caractère énergique de Masséna, et se hâta d'acquiescer à sa demande ; — sur 15,000 combattants, 3,000 étaient morts ; 4,000 étaient blessés, et plus des trois quarts des officiers avaient eu le même sort. La conduite de Masséna à Gênes fut celle d'un chef intrépide, défenseur héroïque de l'honneur de ses soldats et du drapeau de la France !

# IV

« Le drapeau, déroulant ses plis d'or dans l'espac·
Semblait dire aux enfants de la superbe race :
C'est moi qui règne ici »

1804—1815

Napoléon met un aigle au drapeau. — Cérémonie au Champ-
de-Mars. — Victoires en Allemagne et en Italie. — La ville de
Paris décerne des couronnes d'or aux drapeaux de la Grande-
Armée. — Les porte-aigles, leurs prérogatives. — Le dra-
peau en 1811. — Le 127e de ligne. — Le 84e de ligne à Gratz
Un contre dix. — Anecdotes.

Napoléon qui, plus que tout autre, avait l'amour du drapeau, ne changea rien, à ses couleurs : il l'orna seulement d'une aigle (30 juin 1804).

Grande et belle cérémonie que celle de la distribution des nouvelles enseignes militaires à l'armée ! Elle eut lieu au Champ-de-Mars le 5 décembre 1804, le troisième jour des fêtes du couronnement. Les représentants de tous les corps vinrent recevoir les aigles au pied d'un trône magnifique, élevé devant l'Ecole militaire. « Vous jurez de sacrifier votre vie pour les défendre, s'écrie le grand capitaine, et de les maintenir constamment par votre courage sur le chemin de la victoire ! Vous le jurez ! »

« Nous le jurons », répondirent aussitôt les colonels, les délégués des régiments, en élevant ces aigles dans les airs et en mêlant leurs acclamations à la voix du canon et au bruit des fanfares. Ces drapeaux, surmontés d'une aigle d'or aux ailes à demi déployées et tenant la foudre dans ses serres, étaient tricolores comme ceux de la République, mais ornés de franges et de broderies d'or.

Ces aigles allèrent recevoir le glorieux baptême du feu à Donawœrth, à Wertingen, à Augsbourg, à Ulm, à Guntzbourg, à Landsberg, à Munich, à Elchingen, à Nordlingen, à Inspruck, à Léoben, à Vérone, à San-Michel, à Caldiero, à Montebello, à Presbourg, à Austerlitz !

Après la victoire remportée le 14 octobre 1806, à Iéna, les drapeaux de la Grande-Armée reçurent des couronnes d'or qui furent votées par la ville de Paris.

L'année suivante, le 27 mars 1807, l'Empereur ordonna que les régiments d'infanterie légère n'auraient pas d'aigles devant l'ennemi et que les colonels les renverraient au dépôt de chaque corps.

Le décret du 18 février 1808, en vertu duquel l'infanterie fut réorganisée, contenait sur les aigles les dispositions suivantes :

« Chaque régiment aura une aigle qui sera portée par un porte-aigle, ayant le grade de lieutenant ou de sous-lieutenant, et comptant au moins dix ans de services, ou ayant fait les quatre campagnes d'Ulm, d'Austerlitz, d'Iéna et de Friedland. Il jouira de la solde de lieutenant de première classe.

« Deux braves, pris parmi les anciens soldats non lettrés, qui, par cette raison, n'auront pu obtenir d'avancement, ayant au moins dix ans de services, avec titre, l'un de second porte-aigle, et l'autre de troisième porte-aigle, seront toujours placés à côté de l'aigle. Ils auront rang de sergent et la paye de sergent-major. Ils porteront quatre chevrons sur les deux bras.

« L'aigle restera toujours là où il y aura le plus de bataillons réunis. Les porte-aigles font partie de l'état-major du régiment. Ils sont nommés tous les trois par Nous, et ne peuvent être destitués que par Nous.

« Art. 18. Chaque bataillon de guerre aura une enseigne portée par un sous-officier choisi par le chef, dans une des compagnies de ce bataillon. Le bataillon de dépôt n'aura aucune enseigne.

« Art. 19. Les régiments de ligne ont seuls des aigles pour drapeaux ; les autres corps ont des enseignes.

« Nous nous réservons de donner nous-même les nouvelles aigles et les enseignes aux nouveaux régiments. »

Pendant plus de trois années, l'aigle ne fut l'objet d'aucune modification et même il ne paraît pas qu'elle eût éveillé l'attention de Napoléon, sans un abus auquel il dut remédier et qui donna lieu à une réforme complète. L'Empereur était le 12 octobre 1811 à Amsterdam, lorsqu'il fit remarquer au major-général Berthier que certains régiments n'avaient pas moins de quatre aigles. — Berthier écrivit à ce sujet au ministre de la guerre :

« L'aigle est la marque distinctive du régiment, il n'y en aura qu'une, parce qu'il n'y a qu'un seul colonel, qu'un seul corps. — S. M. désire que l'on mette au bas de l'aigle une espèce de tablier, sur lequel, d'un côté sera écrit :

« L'Empereur Napoléon au  $^e$ régiment ; de l'autre les noms des batailles où s'est trouvé le régiment depuis le départ des armées de Boulogne pour la campagne d'Allemagne. — On joindra aux aigles la couronne d'or donnée par la ville de Paris aux régiments de la Grande-Armée ; au cadre du tablier, on brodera des abeilles d'or. — La cravate sera de trois couleurs. »

On voit de quelle importance était l'aigle aux yeux de Napoléon ; il se plaisait à en régler jusqu'aux ornements. Aussi ne la donnait-il pas aisément, et lorsqu'un régiment désirait la recevoir, il fallait le plus souvent, qu'indépendamment des conditions d'effectifs déterminés par le décret, il sut s'en rendre digne par quelque action éclatante. C'est ainsi, qu'après la journée de Smolensk, Davout écrivit à Napoléon :

« Le 27e régiment de ligne, qui se trouvait au feu pour la première fois, s'y est montré de la manière la plus brillante. — Je prie S. M. de lui accorder son aigle, qu'il ne pouvait mieux mériter. »

Le 25 juin 1809, le 84e de ligne et trois compagnies du 9e, retranchés dans le cimetière de Gratz, soutiennent, pendant quatorze heures, une lutte contre les vingt mille hommes du corps de Gyulai. Ils tuent douze cents hommes à l'ennemi, lui enlèvent deux drapeaux. Ces troupes sont enfin dégagées par le général Broussier, et lorsque cette division rejoignit la Grande-Armée, Napoléon combla d'éloges le 84e, et fit inscrire ces mots sur son drapeau : *Un contre dix!*

L'histoire du drapeau à cette époque est si glorieuse, si attachante, qu'il est même intéressant de la connaître jusque dans ses moindres détails.

La dimension du tablier était de 11 centim. de côté, non compris la frange, pour les corps à pied, et de 7 centim. pour les corps de troupes à cheval. — Aux angles supérieurs était la couronne impériale ; aux angles inférieurs l'image d'une aigle; les uns et les autres séparés par une couronne de chêne contenant des N.

Drapeau des grenadiers de la garde
NAPOLÉON Ier.
Tricolore.

La hampe avait 3 centim. de hauteur. La cravate descendait jusqu'à la moitié du tablier. La bordure entière était brodée en or avec quelques grandes paillettes, des abeilles et des étoiles.

Le même décret du 25 décembre donna au 2⁰ et 3ᵉ porte-aigle « un casque et des épaulettes défensives »; il conserva leur armement composé « d'un épieu avec flamme ou esponton de parade et de défense, garni d'une banderolle rouge pour le 2⁰ porte-aigle, blanche pour le 3⁰ »; il leur laissa également une paire de pistolets qu'ils portaient dans un étui sur la poitrine.

L'honneur de porter l'aigle était réservé au 1ᵉʳ bataillon de chaque régiment de ligne; les cinq autres avaient des fanions de couleurs distinctes. Ces fanions, auxquels on ne devait rendre aucun honneur, étaient dépouillés de toute espèce d'inscriptions et d'ornements, « afin que si par malheur ils venaient à tomber au pouvoir de l'ennemi, on vît bien par leur extrême simplicité, que c'était sans conséquence. »

Quel soin admirable! quelle application constante à conserver intact l'honneur de ses aigles! C'est que Napoléon, si bon juge en toute chose, savait bien qu'il fallait que les drapeaux de son armée restassent purs pour ne rien perdre de leur prestige.

« Soldats, s'écria-t-il un jour, en passant devant le front du 4ᵉ de ligne, après la bataille d'Austerlitz, soldats, qu'avez-vous fait de l'aigle que je vous ai donnée? »

Le colonel s'approcha et lui présenta six drapeaux pris aux Russes et aux Autrichiens.

— « Je sais bien, repartit l'Empereur, que vous n'avez pas été lâches, mais vous avez pu être imprudents ; ces six drapeaux ne me rendent pas mon aigle. » A la bataille suivante, le brave régiment se faisait décimer pour conquérir un nouveau drapeau.

Et peu de jours auparavant, Napoléon ne disait-il pas, dans le vingt-cinquième bulletin de la Grande-Armée : « Les deux drapeaux que le 76° de ligne avait perdu dans les Grisons, ce qui était pour ce corps le motif d'une affliction profonde, ces drapeaux, sujets d'un si noble regret, se sont trouvés dans l'arsenal d'Inspruck : un officier les a reconnus ; tous les soldats sont accourus aussitôt. Lorsque le maréchal Ney les leur a fait rendre avec solennité, des larmes coulaient des yeux de tous les vieux soldats. Les jeunes conscrits étaient fiers d'avoir servi à reprendre ces insignes enlevés à leurs aînés par les vicissitudes de la guerre. Le soldat français a pour ses drapeaux un sentiment qui tient de la tendresse ; ils sont l'objet de son culte, comme un présent reçu des mains d'une mère. »

Cette tendresse, qui avait su l'inspirer aux soldats ? C'était le culte porté au symbole de tout ce qu'il y avait de grand, de précieux : c'étaient la gloire, l'honneur, la patrie elle-même.

Pendant quinze ans, le drapeau de nos grandes phalanges promena son aigle glorieuse sur tous les champs de bataille de l'Europe, qui revint ensuite s'abattre, meurtrie de blessures, dans le champ funèbre de Waterloo.

## V

« Et les derniers canons dans l'air grondent encore,
Que sur le vieux drapeau que la gloire décore,
On lit des combats nouveaux. »

### 1814—1830

Brûlement de 1,800 drapeaux enlevés à l'ennemi. — Le drapeau blanc remplace les trois couleurs. — Distribution à l'armée et à la garde nationale. — La cornette blanche du régiment du Roy-cuirassiers. — Le drapeau blanc en 1815, en 1816 et sous Charles X. — Guerres d'Espagne et de Morée. — Première campagne en Afrique.

La Restauration reprit les couleurs de Charles VII et de Henri IV. La distribution en fut faite le 7 septembre 1814 à la garde nationale, et, le 14, aux troupes réunies au Champ-de-Mars (1).

(1) Voici à ce sujet un document bien curieux, en ce qu'il rappelle la tradition de la cornette blanche :

A Monsieur le comte d'Augeranville, maréchal de camp, instructeur de la 1re divison militaire ;

Paris, 28 septembre 1814.

Mon général,

Ce n'est pas sans surprise qu'en lisant le procès-verbal de la remise des drapeaux et étendards par le Roy le 19 courant, aux

Ils étaient les mêmes pour tous : sur un carré de soie blanche, on voyait les armes de France couronnées entre deux branches de laurier; au-dessus le nom de la légion, au-dessous son numéro; aux quatre coins des fleurs de lis, le tout brodé et frangé d'or. La hampe était bleue, et le fer de lance de cuivre doré avait au milieu une fleur de lis découpée à jour (1).

régiments de la 1re division, je me suis aperçu que vous aviez oublié de constater par le même acte que *l'ancienne oriflamme* ou *cornette blanche* de la cavalerie de France, rapportée par Monsieur, frère du Roy, avait été remise au régiment du Roy-cuirassiers que j'ai l'honneur de commander.

Vous penserez comme moi, mon général, que, pour un régiment, cette faveur de Sa Majesté est trop flatteuse pour ne pas être constatée : par un procès-verbal particulier puisque vous n'en avez pas fait mention (je présume par oubli) dans celui de distribution des étendards, je vous prie, avec instance, de faire droit à une juste réclamation et de croire aux sentiments respectueux de celui qui a l'honneur d'être, mon général, votre dévoué serviteur.

Le colonel commandant le régiment du Roy-cuirassiers,
Le Baron Christophe de LAMOTTE-GUÉRY.

(1) En 1814, près de *dix-huit cents drapeaux*, appendus aux voûtes de l'église des Invalides, ombrageaient de leurs plis les guerriers mutilés de la France. Mais à la fin du mois de mars de cette même année, malgré la résistance héroïque de ses défenseurs, la patrie était envahie par les hordes étrangères et les Prussiens, les Autrichiens et les Russes pénétraient dans Paris. Alors le maréchal Sérurier, gouverneur de l'Hôtel, voulant épargner à l'armée française l'humiliation de voir enlever les dépouilles victorieuses confiées à sa garde, à l'exemple du régiment de Navarre, qui, en 1704, déchira et enterra ses drapeaux, ordonna que les drapeaux et étendards pris sur les ennemis de la France dans toutes les parties du monde fussent brisés et

D'après l'ordonnance du 3 août 1815 (art. 40), les drapeaux portaient d'un côté les armes de France entourées des colliers de Saint-Michel et du Saint-Esprit, et accompagnées du sceptre et de la main de Justice; de l'autre côté, l'inscription : « *Le Roi à la légion* (de tel département) », entourée de deux branches de laurier vert, sous lesquelles pendaient, attachées à des cordons rouges, les décorations de Saint-Louis et de la Légion d'honneur.

Ces drapeaux étaient des deux côtés mi-partie en diagonale, les uns bleus et verts, les autres bleus et rouges suivant les légions.

L'ordonnance du 27 novembre 1816 décida que les fanions de bataillon seraient mi-partie

---

brûlés dans la principale cour de l'Hôtel, ce qui fut exécuté le 30 mars à 9 heures du soir. — Ainsi furent anéantis les trophées de Denain, de Fontenoy, de Jemmapes, de Fleurus, d'Arcole, d'Aboukir, de Zurich, de Marengo. Les cendres de ce glorieux bûcher furent ensuite précipitées dans la Seine à l'endroit où l'égout de l'Hôtel vient se jeter dans le fleuve, afin d'en dérober à l'ennemi jusqu'aux moindres vestiges.

Cependant tous les drapeaux conquis sous le premier Empire ne furent pas détruits, car outre ceux de la campagne de 1805, cent-dix autres pris de 1808 à 1813 purent encore être sauvés. Ces trophées figurent aujourd'hui autour du tombeau de Napoléon Ier, puis 54 environ sont conservés au Palais Bourbon.

En outre, M. Gaillard et M. Baudoin avaient eu l'heureuse idée d'opérer des fouilles dans la Seine, et ils purent en retirer 168 insignes en cuivre et 15 ornements de drapeaux, dont ils firent hommage au roi Charles X. Tous ces débris furent réunis, plus tard, en panoplies et placés dans l'église des vieux soldats.

en diagonale bleue et rouge pour les deuxiè-

Étendard des chasseurs de la garde royale
RESTAURATION
Blanc.

mes bataillons, bleue et jonquille pour les troisièmes bataillons (1).

(1) M. Landais, dans son *Historique du 76ᵉ de ligne* (ancien 1ᵉʳ léger), décrit ainsi le drapeau du régiment :
Sous Charles X, le drapeau du 1ᵉʳ léger était blanc, entouré

Ces enseignes flottaient sur le front de nos régiments dans la guerre d'Espagne en 1823, dans les expéditions de Morée et d'Alger.

Elles portèrent inscrites dans leurs plis les premières victoires de notre armée sur la terre africaine : Sidi-Ferruch, Staoueli et Alger ; car, si le drapeau de la France avait changé de couleur, ses soldats n'avaient pas changé de sentiments, sa gloire passée répondait de sa gloire future.

d'une bordure de fleurs de lys d'or; au centre, l'inscription : *Le Roi au 1ᵉʳ régiment d'infanterie légère*, était entourée aux trois quarts par deux palmes ou branches de laurier, sous lesquelles pendaient les ordres de Saint-Louis et de la Légion d'honneur attachés à leurs rubans rouges

## VI

« Et meurtris, déchirés, la gloire qu'ils rapportent
Est versée au Drapeau ! »

1830—1852

La France reprend le drapeau tricolore. — Cocarde nationale. Drapeaux et fanions des régiments. — Campagnes d'Afrique. — Les états de service du drapeau de Mazagran. — Le chasseur Geffine. — Le drapeau en 1848. — Expédition de Rome. — Anecdotes.

A la suite de la révolution de juillet (1830), la nouvelle Charte constitutionnelle du pays spécifiait dans son art. 67 : *La France reprend ses couleurs. A l'avenir il ne sera plus porté d'autre cocarde que la cocarde tricolore.*

La circulaire du 11 septembre 1830 sur l'habillement de l'armée dit : *La cocarde sera aux couleurs nationales, divisée en trois zones; la première formant base au centre, sera bleue; la deuxième blanche, et la troisième écarlate.*

L'ordonnance du 4 mars 1831 mit ce drapeau au centre du régiment, et donna un *fanion*

HISTOIRE ANECDOTIQUE DU DRAPEAU FRANÇAIS. 65

*rouge au* 1<sup>er</sup> *bataillon*, et un *jaune au* 3<sup>e</sup> : mais ces fanions ne sont pas des drapeaux, ce ne

Drapeau du 25<sup>e</sup> de ligne.
LOUIS-PHILIPPE
Tricolore.

sont que les jalons d'alignement pour les manœuvres.

Deux distributions de drapeaux eurent lieu à

dix ans d'intervalle, le 27 mars 1831 et le 26 septembre 1841. La hampe était alors surmontée du coq gaulois. Nos soldats le portèrent haut et fier dans les plaines de la Mitidja, à Isly, à Mogador et à Tanger.

Sur cette terre africaine, un petit village appelé Mazagran, situé à quelques kilomètres de Mostaganem, est devenu célèbre par la défense héroïque que 123 soldats français de la 10$^e$ compagnie du 1$^{er}$ bataillon d'infanterie légère d'Afrique opposèrent, en 1840, à plus de 8,000 Arabes. Cette faible garnison, commandée par le capitaine Lelièvre, n'avait pour matériel de guerre qu'une pièce de canon, 40,000 cartouches et un baril de poudre. Dès la matinée du 1$^{er}$ février un poste avancé avait signalé les éclaireurs de l'ennemi; mais ce fut seulement le 2 que les Arabes commencèrent l'attaque. 300 fantassins arabes se logèrent dans le bas de la ville, en crénelèrent les maisons, et dirigèrent une fusillade extrêmement vive contre le fortin, tandis que les cavaliers l'attaquaient du côté de la plaine, et que leur artillerie, placée sur un plateau, à 5 ou 600 mètres, en battait les murailles. Encouragés par le nombre, les plus braves vinrent planter des étendards sous les murailles de la Casbah, et tous se précipitèrent à l'assaut avec une fureur qu'excitaient à la fois le fanatisme religieux et l'appât du pillage

Pendant quatre jours et quatre nuits, l'attaque demeura aussi constamment acharnée que la défense se soutint héroïque. La moitié des munitions de guerre ayant été presque épuisée, le capitaine Lelièvre recommmande à ses soldats de ne plus repousser les efforts de l'ennemi qu'à la baïonnette. Plusieurs fois le drapeau national arboré sur l'humble redoute a son support brisé; sa flamme est lacérée par les boulets; toujours il est relevé avec enthousiasme Dans la soirée du 4, le capitaine Lelièvre, voyant que les munitions allaient être épuisées entièrement, dit aux braves qui l'entouraient : « Nous avons encore un tonneau de poudre et 12,000 cartouches; nous nous défendrons jusqu'à ce qu'il ne nous en reste que douze ou quinze, puis nous entrerons avec le drapeau dans la poudrière pour y mettre le feu, heureux de mourir pour notre pays ! » Dès l'apparition des Arabes, le lieutenant-colonel Dubarail (1), qui commandait à Mostaganem, ordonna plusieurs sorties contre les Arabes, qui le séparaient de Mazagran. Cette diversion réussit assez pour détourner l'ennemi de son but principal.

Un dernier assaut ayant été donné contre Mazagran, le 6 au matin, sans plus de succès,

---

(1) Retraité comme colonel de l'état-major des places.

les Arabes se retirèrent dans la nuit, emportant 5 à 600 tués ou blessés, et le 7 au matin la garnison de Mostaganem put délivrer la 10ᵉ compagnie enfermée dans la redoute, et l'emmener en triomphe.

Ce beau fait d'armes valut au capitaine Lelièvre le grade de chef de bataillon au 1ᵉʳ de ligne ; le lieutenant-colonel Dubarail fut promu colonel. Douze décorations furent accordées aux deux garnisons de Mazagran et de Mostaganem.

Voilà pour les hommes. Est-ce tout? Non. Car celui qui les a tous soutenus pendant la mêlée, celui qui représentait au plus haut degré la patrie absente, celui dont les Arabes avaient fait leur principal point de mire, et qui a survécu, glorieux invalide, à leurs coups sans nombre, nous n'avons pas le droit de l'oublier. C'est le :

Drapeau qui flottait à Mazagran, CENT VINGT-SEPT BLESSURES.

Oui, exposé pendant quatre jours au feu de l'ennemi, il a été atteint de CENT VINGT BALLES et de QUATRE boulets, et brisé TROIS fois. Ces blessures sont ainsi réparties :

Dans la bande bleue, 53 balles ;
Dans la bande blanche, 35 balles ;
Dans la bande rouge, 32 balles ;
A la partie inférieure de la bande bleue, 2

boulets; et à la partie inférieure de la bande rouge, également 2 boulets.

Le morceau inférieur de la bande rouge, détaché entièrement par le boulet, fut noué à la hampe en guise de cravate. La hampe elle-même fut brisée en trois endroits par les boulets (1).

En l'honneur de ce drapeau il fut rendu l'ordre du jour suivant, digne récompense décernée par le général commandant à Oran, à cette poignée de braves qui a défendu avec tant d'intrépidité le poste de Mazagran, contre les assauts furieux de 12,000 Arabes :

« Le lieutenant général Guéhéneuc autorise la 10ᵉ compagnie du 1ᵉʳ bataillon d'Afrique à conserver, comme un glorieux trophée, le drapeau qui flottait sur la place de Mazagran pendant les journées des 3, 4, 5 et 6 février, et qui, tout criblé par les projectiles de l'ennemi, atteste à la fois l'acharnement de l'attaque et l'opiniâtreté de la défense.

« En outre, il ordonne que le 6 février de chaque année, lecture du présent ordre du jour soit faite devant le bataillon d'Afrique réuni, si cela est possible, et que, dans le cas où cette réunion ne pourrait s'effectuer, chaque commandant de

---

1) L'état de service que nous rappelons ici, a été établi suivant un procès-verbal dressé le 12 juillet 1840, par une commission que présidait le général Parchappe. (V. Appendice).

détachement en fasse faire lecture devant tous les hommes assemblés sous les armes.

« Honneur à l'héroïque garnison de Mazagran !

« Le lieutenant général,

« GUÉHÉNEUC. »

Une médaille fut frappée en souvenir de cette action glorieuse, et un monument fut élevé en l'honneur des 123 héros qui venaient d'ajouter une si belle page aux fastes du drapeau.

Pendant les opérations du général de Bourjolly en Afrique, un drapeau fut pris à l'ennemi dans les circonstances suivantes :

Geffine, chasseur du 4ᵉ escadron, voit le fourrier Parisot tomber sous son cheval, qui vient de recevoir une balle en pleine poitrine ; déjà deux cavaliers arabes, après avoir fait feu sur ce sous-officier, lui assénaient des coups de crosse de fusil sur la tête ; Geffine arrive, tue les deux Arabes, débarrasse le fourrier Parisot ; puis, apercevant un drapeau à quelque distance, s'élance sur lui, tue le chef qui le portait et parvient, malgré deux coups de feu, cinq coups de yatagan, dont quatre sur les mains, un sur la figure, à enlever l'étendard des révoltés ; mais ses forces étaient épuisées : il tomba, serrant le drapeau sur sa poitrine, en criant :

« Il est à moi ! »

Voici comment Geffine raconte lui-même à sa mère cette action d'éclat :

Mostaganem, le 3 octobre 1845.

Ma mère,

Je vous écris en réponse à la lettre que vous m'avez adressée le 1ᵉʳ août dernier et que je n'ai reçue que le 15 du mois dernier, parce que lorsqu'elle est arrivée, j'étais en plaine et que les correspondances se faisaient difficilement. Cette lettre m'a fait un grand plaisir en m'apprenant que vous jouissiez tous d'une bonne santé. Je vous remercie bien de toutes les démarches que vous avez faites et de la peine que vous vous donnez pour que nous soyons réunis, ce qui me serait bien doux ; mais aujourd'hui ma position change, comme je vais vous l'expliquer, et fait retarder cet heureux moment.

Et d'abord les Arabes qui nous menaçaient depuis longtemps ont profité du Rhamadan pour se révolter de tous côtés dans un pays qui jouissait de la plus grande tranquillité.

Quoique je sois bien nécessaire à mes sœurs et frère, ainsi qu'à vous, ma bonne mère, ce n'est pas dans un moment comme celui-ci que je voudrais quitter le drapeau. Le drapeau, c'est la patrie ; la patrie avant tout.

D'un autre côté, voici une raison encore plus particulière.

Le 19 septembre, nous avons eu une forte affaire avec les Arabes. Ils étaient pour le moins 15 contre un. Un maréchal des logis s'est trouvé engagé au milieu d'un groupe ennemi, et aurait infailliblement péri si je n'eusse été à son secours. J'y fus, il en aurait fait autant pour moi. Je l'ai sauvé, et, plus heureux que mes camarades qui se sont battus comme des lions, j'ai pris un drapeau à l'ennemi. J'ai reçu quelques blessures aux bras et aux mains, mais qui ne sont nullement dangereuses. Le général m'a assuré que je serais décoré. Voilà pour ce qui me concerne ; vous avez appris le reste par les journaux;

trois jours après le lieutenant-colonel a été **tué**. Ce sont là les motifs qui m'attachent encore, du moins pour un temps, à la vie de soldat. Je crois que **vous les approu-**

Étendard du 5ᵉ lanciers
1848-1852
Tricolore.

**verez**. Je suis rentré à Mostaganem le 25 septembre, où je suis à l'hôpital pour me rétablir complétement.

Canivet est au régiment. Il trouve que le climat de la **Normandie** est plus sain que celui d'Afrique. Je vous fais bien des compliments et vous souhaite une bonne santé.

Voilà, ma mère, ce que j'ai à vous dire. Je finis ma lettre en vous embrassant ainsi que mes sœurs et mon frère, je vous souhaite à tous une bonne santé.

Vous ferez bien mes compliments à tous ceux qui s'informeront de moi.

C'est de la part de votre fils,     Ch. Geffine.

Les blessures que j'ai à la main droite me forcent d'avoir recours à un camarade pour écrire sous ma dictée, mais n'ayez aucune inquiétude.

Après ce beau fait d'armes, les typographes de Caen, dont Geffine avait été le camarade d'atelier avant de s'engager, lui firent frapper une médaille en or, avec les inscriptions suivantes, entourées d'une couronne de lauriers. D'un côté : « *Geffine. Les Typographes de Caen* » et au revers : « *Afrique française, souvenir du combat du* 16 *septembre* 1845. »

Un décret du 5 mars 1848 détermina ainsi la forme du drapeau :

Article premier. Le pavillon et le drapeau national sont rétablis tels qu'ils ont été fixés par le décret de la Convention du 27 pluviôse an II, sur les dessins du peintre David.

Art. 2. En conséquence, les trois couleurs nationales, disposées en bandes égales, seront, à l'avenir, rangées dans l'ordre suivant : le bleu attaché à la hampe, le blanc au milieu et le rouge flottant à l'extrémité.

Au mois d'avril, le nouveau drapeau du Gouvernement provisoire fut remis à l'armée.

## VII

« Il sont morts le front haut, le cœur exempt d'alarme
Versant avec leur sang, sur le drapeau de l'arme,
    Un lustre étincelant ! »

1852—1864

L'aigle reparait sur les drapeaux. — Bénédiction et distribution des nouveaux insignes. — Campagne de Crimée : Le drapeau du 2e de zouaves et le colonel Cler à l'Alma ; le colonel Brancion et l'aigle du 50e régiment ; mort du colonel Filliol de Camas ; le drapeau du 91e et le colonel Picard à l'assaut de Sébastopol. — Campagne d'Italie : la défense du drapeau. — Anecdotes. — Les drapeaux décorés. — Campagne du Mexique. — Anecdotes.

En 1852, on reprit l'aigle comme sous Napoléon I<sup>er</sup>. Ces drapeaux, dont l'étoffe était double, avaient 90 centimètres carrés. Les étendards de cavalerie n'avaient que 60 centimètres. Aux quatre coins était placée une couronne de chêne ; dans l'intérieur de chaque couronne, placé en regard, se trouvait le chiffre L. N. et le numéro du régiment. Sur l'autre côté du drapeau, les coins étaient semblables ; mais sur la bande blanche était inscrit R. F. (République française), et au-dessous, le nom des campagnes auxquelles le régiment avait assisté depuis sa formation. La hampe était surmontée d'une aigle dorée. Au-dessous, dans une ove, se voyait d'un côté, le chiffre R. F., de l'autre le numéro u régiment. Une cravate tricolore, frangée en or comme le drapeau, ornait la hampe.

Une grande fête eut lieu le 10 mai 1852, au Champ-de-Mars pour la bénédiction et la distribution de ces nouveaux insignes à l'armée. L'archevêque de Paris officiait sur un colossal autel dressé devant l'école militaire, plus de 800 ecclésiastiques secondaient le prélat dans cette cérémonie. Cette bénédiction des drapeaux est une tradition chrétienne qui remonte à l'empereur Léon (ix⁰ siècle). Comme on l'a fait à la distribution de 1852, chaque porte-drapeau, baisait la main de l'officiant (qui était toujours un prince de l'église), en recevant l'enseigne, et celui-ci lui donnait le baiser de paix, en disant : *Pax tibi* (que la paix soit avec vous).

Le discours prononcé par Massillon dans une semblable cérémonie, à la bénédiction des drapeaux du régiment de Catinat, est regardé comme un des chefs-d'œuvre de l'art oratoire.

A l'avénement du second Empire, les drapeaux furent modifiés, mais seulement en ce qui avait trait aux initiales républicaines. On conserva la forme et la distribution des couleurs. C'est celui que nous avons vu, mutilé par la mitraille, noirci par la poudre des champs de bataille de Crimée et d'Italie, revenir avec de nouveaux noms de victoires.

Le 20 septembre 1854, à la bataille de l'Alma, le colonel Cler, du 2ᵉ zouaves (mort général à Magenta), arrivé le premier de son régiment au pied de la tour du Télégraphe, arbore l'aigle de son régiment sur l'échafaudage. Le sergent-major Fleury, du 1ᵉʳ zouaves, qui a pu atteindre les échafaudages supérieurs et soutenir le drapeau du régiment, tombe frappé à la tête par une balle. Le lieutenant Poitevin, porte-drapeau du 39ᵉ, arrive pour placer l'aigle du régiment à côté de celle des zouaves, mais un boulet atteint en pleine poitrine ce brave officier.

A l'affaire du Mamelon vert (6 juin 1855), le colonel Brancion est frappé mortellement au moment où il plantait sur la redoute du Kamtchatka l'aigle du 50ᵉ.

A l'affaire du 16 août 1855, le sous-lieutenant Bosc, porte-drapeau du 2ᵉ de zouaves, fait preuve de la plus grande bravoure et reçoit une balle en pleine poitrine; le sapeur Ménard, le caporal Blondel sont également blessés en défendant leur drapeau.

Après la victoire de l'Alma, les armées alliées contournant par l'intérieur des terres le périmètre de Sébastopol, à travers de profondes vallées dans lesquelles ils eussent pu être aisément écrasés par les Russes, si ceux-ci n'avaient point été démoralisés par l'échec qu'ils venaient de recevoir, allèrent établir leur place d'armes et leur port militaire à Balaclava et à Kamiesch.

A la suite de plusieurs attaques successives dirigées contre les ouvrages avancés de la partie méridionale de la ville, et de nombreuses sorties de la garnison constamment repoussées par les nôtres; à la suite de fréquentes canonnades et fusillades réciproques, qui firent plus ou moins de mal des deux côtés, le 8 novembre 1854, avant le jour, l'armée russe, grossie par des renforts venus du Danube, par les réserves réunies dans les provinces du Sud, et animée par la présence des grands-ducs Michel et Nicolas, essaya de prendre sa revanche en attaquant la droite de la position anglaise devant Sébastopol. Dès les premiers coups de fusil, des déserteurs révélaient aux Anglais la véritable situation des troupes ennemies, sous le rapport de l'effectif, et les généraux alliés pouvaient mesurer l'étendue des renforts qu'elles avaient successivement reçus depuis la bataille de l'Alma.

45,000 hommes, favorisés par la nuit et le brouillard, surprirent la pointe des hauteurs d'Inkermann que l'armée britannique n'avait pu occuper avec des forces assez considérables. 6,000 Anglais seulement, commandés par le général Cathcart, qui fut blessé mortellement dans cette affaire, prirent part à l'action, le surplus étant employé aux travaux du siége, mais ils soutinrent vaillamment ce choc inattendu jusqu'au moment où le général de brigade Monet, puis le général de division Bosquet, accourant avec une partie de la division de ce dernier, purent leur prêter un énergique concours, qui détermina le succès. On ne sait ce qu'on doit le plus louer dans cette rencontre, de l'inébranlable solidité avec laquelle nos alliés firent face pendant longtemps à l'orage, ou de l'intelligente vigueur que les généraux Monet et Bosquet, entraînant une partie des brigades Bourbaki et d'Autemarre, déployèrent en attaquant l'ennemi qui les débordait par leur droite.

On s'aborda trois fois à la baïonnette, par une pluie battante, et l'ennemi ne céda, qu'après ce troisième choc, le terrain qu'il laissait jonché de ses morts et de ses blessés.

L'artillerie russe de position et de campagne était très-supérieure en nombre et avait une position dominante. Deux de nos batteries à cheval et une batterie de notre 2ᵉ division d'infanterie n'en soutinrent pas moins, concurremment avec l'artillerie anglaise, la lutte pendant toute la journée.

Le 3ᵉ de zouaves justifia sa réputation ; les tirailleurs algériens, nos soldats de la ligne et nos chasseurs soutinrent dignement le combat. Le 6ᵉ de ligne rivalisa d'ardeur.

Le porte-drapeau du 6ᵉ régiment qui s'était jeté en avant, tomba roide mort, et son étendard, ramassé par un chasseur d'Ockhotsk, passa de main en main jusqu'aux dernières files, ce que voyant, le colonel Filliol de Camas se précipite, l'épée haute, en criant :

— Au drapeau, mes enfants !

Un coup de feu dans la poitrine l'arrête en chemin. Le lieutenant-colonel Goze et un des chefs de bataillon qui le suivent de près arrivent jusqu'au drapeau, mais ils tombent en y touchant : enfin, un lieutenant saisit sa hampe et le rapporte triomphalement au régiment.

En recevant la balle qui lui troue la poitrine de part en part, le colonel de Camas dit au sergent Ricci qu'il se sent mortellement frappé, et réclame son appui pour regagner le camp. Tous deux s'acheminent à travers la mêlée, lorsqu'une faiblesse oblige le blessé à s'asseoir. Le sergent appelle à son aide un soldat du 7ᵉ léger, et, tous deux, soutenant le colonel par-dessous les épaules, l'entraînent à une trentaine de pas ; mais, arrivé là, ce dernier, qui perd ses forces avec son sang, se laisse glisser à terre.

— Je n'ai plus qu'à mourir, dit-il. Rejoignez vos camarades, mes amis, allez! On a besoin de vous là-bas.

Ricci insiste pour demeurer près de lui et le soulager jusqu'au moment où il sera possible de le transférer aux ambulances...

— C'est ton colonel qui te donne un ordre pour la dernière fois; ne lui désobéis pas.

Alors il détache sa croix de la Légion d'honneur, en priant le sergent de la remettre à son lieutenant-colonel, lui adresse quelques recommandations pour son frère, sa mère et sa femme; puis il ajoute :

— Si tu apprends que quelqu'un ait eu à se plaindre de moi, dis-lui que je lui en demande pardon.

Sur ces derniers mots, il perd un instant connaissance..... Rappelé à lui par les soins du sous-officier, il roule des yeux égarés, étend les mains dans le vide, semble y chercher quelque chose, et expire en murmurant :

— Mon épée!.. le drapeau!

Le dévoué Ricci est resté jusqu'à la fin près de son chef agonisant : le brusque retour des Russes, qui refoulent à leur tour les Français, et regagnent le terrain précédemment perdu, le force d'abandonner le cadavre. Il a mieux à faire d'ailleurs qu'à veiller sur cette dépouille inanimée, il a à la venger.

Le brave sous-officier Ricci fut décoré de la médaille militaire le mois suivant, ainsi que les sous-officiers Girod, Christoffni, Odinet et Pic.

A l'assaut du 18 juin, le drapeau du 91ᵉ est brisé par un obus qui tue 7 hommes ; les lambeaux sont rapportés au colonel Picard qui, blessé, ne voulait pas quitter la tranchée sans revoir l'enseigne de son régiment.

« A cet assaut le régiment fut presque entièrement détruit (220 hommes de troupe tués, 1,154 blessés, 273 prisonniers, 13 officiers tués, 22 blessés et 7 faits prisonniers).

« Ayez bon courage, dit le colonel Picard aux survivants. Je sais bien que tant qu'il restera une goutte de sang dans les veines du 16ᵉ léger ou 91ᵉ de ligne, tant qu'il restera un lambeau à son drapeau glorieusement mutilé, il pourra le présenter avec orgueil et assurance à l'ennemi ! »

Le 8 septembre, jour de la prise de Sébastopol, le 91ᵉ (division Bourbaki), s'installe carrément sur la Courtine et renouvelle trois fois ses munitions. Il reste à son poste avec un courage et une constance inébranlables. Le drapeau du régiment avait été planté au-dessus d'une poudrière. Tout à coup retentit une terrible explosion saluée par les hourras des Russes. La poudrière venait de sauter ; le parapet est renversé dans le fossé, des milliers de débris obscurcissent l'air et écrasent dans leur chute tout ce qu'ils rencontrent. Le drapeau reste enseveli dans le gouffre qu'a creusé l'explosion ; 9 officiers qui l'entouraient disparaissent sous cette avalanche ; un grand nombre de soldats sont tués ou écrasés.

Le feu de l'ennemi avait déjà décimé la poignée de braves qui survivaient à l'attaque du 18 juin. Ceux qui restent, travaillent, sous la fusillade la plus vive, à retirer de dessous les décombres leurs camarades engloutis, et plus d'un tombe victime de son dévouement. L'obscurité arrive enfin et ces héroïques soldats passent la nuit au milieu des explosions de toutes sortes qui éclatent au pied de la tour Malakoff. Le lendemain, dès qu'il fit jour, ces hommes, quoique brisés de fatigue, creusent le sol pour retrouver le drapeau. L'aigle reparaît enfin entourée de cadavres mutilés. Depuis seize heures qu'il était couché dans son glorieux tombeau, le drapeau du 91ᵉ n'était plus qu'un lambeau de terre et de sang. Le porte-drapeau Ganichon le serrait encore convulsivement de ses mains raidies par la mort (1).

Le 9 septembre à 9 heures du matin, 297

(1) Ce beau fait militaire a été reproduit dans deux tableaux exposés au Salon de 1863.

hommes et 5 officiers, tout ce que la mort avait laissé debout, rapportaient le drapeau au camp. Partout sur son passage, ce trophée mutilé était salué des cris enthousiastes de toutes les troupes.

A cette même journée mémorable, le commandant Cornulier de Lucinière, des chasseurs de la garde, suivi de quelques officiers et soldats, arrive sur le petit Redan. La mitraille et la fusillade arrêtent un moment la colonne. Le commandant de Lucinière veut immédiatement, sous les yeux des Russes, prendre possession de cet important ouvrage. La ceinture bleue du caporal Joubert, un mouchoir blanc fourni par le lieutenant Lagranie et un lambeau de foulard rouge sont attachés à la grenadière d'une carabine aussitôt fichée dans le sol. Quelques minutes après, l'aigle des chasseurs arrive avec le gros du bataillon; mais le brave de Lucinière est tombé mort au pied du drapeau qu'il avait improvisé pour servir de guide à ses braves chasseurs. Pendant longtemps les chefs de bataillon qui se sont succédé au commandement des chasseurs de la garde ont conservé précieusement la carabine et les glorieux lambeaux criblés par la mitraille.

Le soldat qui a le sentiment de l'honneur du drapeau, est donc, comme nous venons de le montrer, susceptible des plus nobles dévouements : il peut tomber écrasé par la mitraille ; mais en tombant, il meurt encore victorieux admiré et souvent pleuré par ses ennemis.

Le soir du combat de Melegnano, au moment où le 2ᵉ bataillon du 33ᵉ se repliait sur le village, le porte-drapeau de ce régiment, le lieunant Bertrand reçoit l'ordre d'aller se placer sous la protection de la compagnie des voltigeurs du 3ᵉ bataillon, qui y était déjà établie. A peine est-il arrivé aux premières maisons du village, qu'il est assailli par une vingtaine de soldats autrichiens qui sortent d'une grange. Un coup de feu brise la hampe du drapeau au-dessous de l'aigle, le porte-drapeau se baisse pour la ramasser et reçoit un coup de baïonnette qui le traverse de part en part. Un Autrichien s'empare du drapeau, mais le caporal Trumeau, tout en luttant avec énergie contre plusieurs soldats ennemis, réussit à ressaisir l'aigle du 33ᵉ.

A Solférino, le 1ᵉʳ bataillon du 91ᵉ était arrivé jusqu'au pied d'une batterie, lorsqu'il fut refoulé par une première bordée de mitraille ; il se reforme bien vite, revient à la charge et donne par sa résistance, aux voltigeurs de la garde le temps d'arriver et d'occuper définitivement le plateau; le 2ᵉ bataillon qui marchait à côté de lui avait également fait reculer une première fois l'ennemi devant son élan. Le sous-lieutenant Guiseuil plante le drapeau sur le plateau que l'on vient d'enlever, mais de nombreuses réserves opérant un retour offensif, M. de Guiseuil tombe grièvement blessé; le drapeau brisé par la mitraille est ramassé par le sous-lieutenant Tollet qui est frappé à mort : alors le sergent Bourraqui prend le drapeau des mains du mourant, — ce sous-officier est blessé à son tour. — Une lutte corps à corps s'engage et le commandant de Pont-Jibau est tué au moment où il rassemble les débris de son bataillon autour du drapeau. Enfin, grâce à l'énergie des officiers et des soldats qui restent encore debout, l'aigle du 91ᵉ est sauvée (1).

C'est après la bataille de Magenta, que l'empereur Napoléon III décida que le régiment qui prendrait un drapeau à l'ennemi porterait la croix de la Légion d'honneur attachée au-dessous de son aigle.

Le régiment qui, le premier, reçut cette récompense a été le 2ᵉ de zouaves. Le 4 juin 1859, vers quatre heures du soir, quelques instants avant l'attaque générale de Magenta par le 2ᵉ corps, l'ennemi chercha à pénétrer entre la 1ʳᵉ et la 2ᵉ division de Mac-Mahon. Pour s'op-

(1) Les pertes du régiment témoignent de la large part qu'il a prise à cette bataille; 8 officiers tués, 17 blessés; 420 sous-officiers et soldats tués ou blessés. (Voir à la fin du volume).

poser à ce projet, les 2ᵉ et 3ᵉ bataillon du 2ᵉ de zouaves sont portés à droite, vers une tuilerie

Drapeau du 2ᵉ zouaves.
NAPOLÉON III
Tricolore.

dont l'occupation est jugée nécessaire. Tout à coup, le commandant d'une batterie française engagée de ce côté, voyant les Autrichiens prêts à s'emparer d'une de ses pièces, appelle les zouaves à son aide. « Sac à terre et à la baïonnette! » s'écrie le brave général Espinasse (1). Aussitôt le 2ᵉ bataillon se précipite, suivi du 3ᵉ dans la direction indiquée. Les zouaves font cent mètres au pas de course et se trouvent en face de deux bataillons autrichiens du 9ᵉ régiment. Un combat acharné à l'arme blanche s'engage. Le zouave Daurière, de la 2ᵉ compagnie du 2ᵉ bataillon, s'efforce de s'emparer du drapeau autrichien. L'adjudant Savière (2), du même bataillon, vient à son aide, blesse d'un coup de sabre le porte-drapeau, et les deux braves militaires ont la gloire d'enlever ce trophée qui orne aujourd'hui la voûte de l'église des Invalides. Daurière reçut la croix de chevalier de la Légion d'honneur.

Le deuxième drapeau décoré a été celui des bataillons de chasseurs à pied. Il le doit au 10ᵉ bataillon de cette arme qui, le 24 juin 1859, eut un fort détachement engagé dans le cimetière du village. Au moment où l'on parvint à débusquer les Autrichiens de cette position, protégée par des murailles battues en brèche, le ser-

---

(1) Le général de division Espinasse, tué dans cette journée commandait la 2ᵉ division du 2ᵉ corps (Mac-Mahon).
(2) Médaillé sur le champ de bataille et nommé sous-lieutenant, aujourd'hui capitaine au 31ᵉ de ligne et chevalier de la Légion d'honneur.

gent Garnier, de la 1ʳᵉ compagnie, entré un des premiers, aperçoit un drapeau ennemi autour duquel se groupent nos adversaires. N'écoutant que son courage, il s'élance pour l'enlever, suivi de plusieurs chasseurs de son bataillon. Après une lutte héroïque de quelques instants, un combat acharné à la baïonnette, il revient avec ce trophée. C'était celui du 60ᵉ de ligne (régiment Gustave Vasa). Garnier put alors remettre cette preuve glorieuse de sa valeur, aux mains du maréchal Baraguey d'Hilliers. Ce sous-officier fut décoré pour ce beau fait d'armes.

A la bataille de Solférino également, et tandis que le 10ᵉ bataillon s'emparait du drapeau du régiment Gustave Vasa, le bataillon des chasseurs de la garde, commandé par le brave Clinchant (1), enlevait dans le village même qu'il avait tourné, au-dessous de la fameuse tour, un autre drapeau autrichien et une batterie de 8 pièces. C'est le chasseur Montellier qui eut l'honneur d'enlever ce trophée, fait pour lequel il reçut la médaille militaire (2).

---

(1) Actuellement général de division, commandant le 1ᵉʳ corps d'armée.

(2) « Je viens attacher une décoration à votre drapeau, symbole de courage, de discipline et de dévouement militaire.—Que ce drapeau, décoré en récompense de votre valeur, vous devienne plus cher encore. Que chacun de vous comprenne que cette croix d'honneur, qui marchera désormais à votre tête, et dont les rayons se reflètent sur tout le bataillon, c'est le but auquel

Dans la plaine de Médole, le 2ᵉ bataillon du 76ᵉ de ligne (colonel Béchon de Caussade) (1), tenu quelque temps en réserve, reçut l'ordre, à trois heures et demie du soir, de se porter au secours de la première ligne, pliant sous l'effort d'une forte colonne autrichienne. Le chef de bataillon Turnier forme aussitôt sa troupe en colonne serrée par division et marche sur la ferme de Casa Nova, par la route de Castiglione à Goïto. Bientôt l'ennemi est rencontré à l'entrée d'un petit bois situé sur le côté de la ferme, et où s'engage un combat qui tourne à notre avantage, malgré la grande supériorité numérique de l'ennemi. C'est alors que le soldat Clavel, de la 3ᵉ compagnie, s'élance pour s'emparer d'un drapeau. Une lutte des plus vives s'engage entre lui et le porte-drapeau autrichien. Clavel est renversé, mais Allègre, soldat de la même compagnie, se précipite au secours de son camarade, et leurs efforts réunis parviennent à saisir et à conserver le drapeau du régiment, prince de Windisgraetz.

Les drapeaux enlevés pendant la campagne du Mexique, valurent aussi à cinq autres régi-

il doit aspirer, et la France, notre chère patrie, saluera en vous des enfants dont elle peut s'enorgueillir. » (Discours du maréchal Régnaud de Saint-Jean d'Angély en remettant la décoration au drapeau des chasseurs de la garde.)

(1) Mort général de division pendant le siége de Paris.

ments de notre armée la décoration : 3ᵉ de zouaves, 51ᵉ, 99ᵉ de ligne, 3ᵉ tirailleurs algériens, 1ᵉʳ de chasseurs d'Afrique.

Le 8 mai 1863, vers la fin du siége de Puebla, l'armée mexicaine ayant essayé de ravitailler la place, dut soutenir contre quelques bataillons, bataillons au nombre desquels ceux du 3ᵉ de zouaves, un rude combat à San Lorenzo. C'est pendant l'action que le sous-lieutenant Henry et le zouave Stum enlevèrent chacun un drapeau, action qui mérita au 3ᵉ de zouaves, d'avoir son aigle décorée. Le sous-lieutenant Henry reçut la croix d'honneur et le zouave Stum, la médaille militaire.

Quant au drapeau du 51ᵉ, il mérita d'être décoré en commémoration de la prise de deux fanions au combat de San Lorenzo (8 mai 1863); d'un drapeau et d'un fanion au combat de Valle Santiago, le 3 février 1864, et d'un drapeau au combat de Gueymas, le 29 mars 1865.

Ces différents trophées furent enlevés par le sergent Dupuis, le caporal Maingon, les soldats Malet, Gonnord et Brizet.

Ce fut aussi au combat de San Lorenzo que le 3ᵉ tirailleurs algériens (dont un bataillon était au Mexique) mérita la décoration pour l'aigle de son régiment en enlevant un drapeau à l'ennemi.

Le drapeau du 99ᵉ de ligne a reçu la décoration pour le beau fait d'armes, accompli le 18 mai 1862, au combat d'Aculcingo et dans lequel on prit le trophée du 2ᵉ régiment d'infanterie du corps d'armée de Zaragoza.

Enfin, le 5 mai 1863, le cavalier Borde, du 1ᵉʳ chasseurs d'Afrique, au combat de San Pablo del Monte, tenant la charge, abattit d'un vigoureux coup de sabre un cavalier porteur d'un étendard et s'en empara. Ce fait d'armes valut au brave Borde la croix de la Légion d'honneur et à l'étendard de son régiment la même décoration (1).

(1) Dans l'*Annuaire de l'armée française* tous les régiments décorés portent comme signe distinctif, une croix accolée à leur numéro.

## VIII

« On raconte qu'un soir, à l'heure du qui-vive,
Lorsque sur le bivouac la froide nuit arrive,
On entendit au camp des murmures étranges,
Et l'on vit du drapeau se balancer les franges. »

### 1870—1875

Campagne de 1870. — La défense du drapeau du 91ᵉ à Vionville. — Les sergents Garnier et Perrin. — Le drapeau du 3ᵉ de ligne; celui du 89ᵉ est détruit et enterré. — Le fourrier Royaunez. — Anecdotes. — Cauvez sauve le drapeau du 13ᵉ de ligne. — Le 1ᵉʳ de ligne à Borny; mort du général Brayer. — Metz et la capitulation. — Le brûlement des drapeaux — Paroles du général Pourcet sur le drapeau. — Le drapeau actuel.

Pendant cette dure campagne de 1870 où la fortune fut si contraire à nos armes, l'héroïsme de nos soldats se montre tout aussi grand que par le passé. L'amour du drapeau soutient bien souvent des courages abattus.

Au combat de Vionville (16 août 1870) vers le soir, à la faveur de l'obscurité, une

HISTOIRE ANECDOTIQUE DU DRAPEAU FRANÇAIS. 93

charge de cavalerie (hussards), pénètre entre les bataillons du 91°, mais elle est vigoureu-

Etendard du 9ᵉ hussard.
1870-1874
Tricolore (1).

reusement repoussée et l'ennemi laisse une vingtaine de prisonniers et de nombreux morts.

(1) Sous la République qui a succédé en septembre 1870 au second empire, le drapeau national est *bleu, blanc* et *rouge*,

94          HISTOIRE ANECDOTIQUE

Le drapeau du 91ᵉ avait couru les plus grands dangers (1). Un instant enveloppé par les cavaliers prussiens, il allait être arraché des mains de son lieutenant Vial. Ce brave officier, fort heureusement, abat d'un coup de revolver, le hussard qui avait saisi l'aigle (2).

A Beaumont, le 31 août, le régiment, que commandait le lieutenant-colonel Gillet, lutte vaillamment; mais les soldats sont épuisés par une longue marche sous la pluie, dans des chemins détrempés; ils vont céder, lorsque le sous-lieutenant Varinot déploie le drapeau et se porte en avant. La vue du noble insigne, noirci et mutilé à Reischoffen, ranime ces braves gens; ils marchent en avant et reprennent l'avantage. Le sous-lieutenant Varinot, blessé, tombe et l'aigle avec lui; le sous-lieutenant

---

mais sans que la forme, les dimensions ou les ornements soient encore déterminés.

La dernière pièce officielle concernant le drapeau est une circulaire ministérielle du 5 juillet 1871, ainsi conçue.

« En attendant qu'une décision ait été prise relativement aux nouveaux drapeaux à distribuer à l'armée..... les corps se procureront provisoirement, aux frais de la masse générale d'entretien, des drapeaux de grandeur moyenne qui ne porteront aucune inscription et dont la hampe sera surmontée d'un fer de lance doré

(1) Voir à l'*Appendice* le drapeau du 93ᵉ de ligne sauvé par e 5ᵉ chasseurs à cheval.

(2) Le surlendemain de cette affaire, M. Vial perdit la vie. Il occupe une place glorieuse parmi les vaillants officiciers tombés, dans des jours plus heureux, sous les plis du même drapeau à Malakoff et à Solférino.

Sondorf relève le drapeau ; frappé à son tour au bras et au flanc, il s'affaisse et l'aigle gît sur le sol, sans que l'ennemi se hasarde à venir la saisir. Encore une fois le drapeau flotte relevé par le sergent Garnier, auquel succède le sergent Perrin ; mais la lutte est insoutenable, et le régiment quitte le champ de bataille avec le reste du corps.

A Sedan, nouvelle lutte, nouvel héroïsme, mais, hélas! nouvelle impuissance. Les débris du 3e de ligne occupèrent le plateau de Floing où les hommes durent recevoir la mort sans pouvoir la rendre. Bientôt sonna l'heure du désastre. Rassemblant autour de lui ses compagnons d'armes dont le nombre s'était fait si petit, le lieutenant-colonel fit apporter le drapeau, et quand, devant cet emblème, chacun put se rendre ce témoignage qu'il avait fait tout ce qu'exigeaient Honneur et Patrie, le drapeau lacéré fut distribué entre les officiers survivants. Chacun conserva cette relique précieuse et l'aigle du 3e de ligne n'eut pas le malheur de tomber aux mains du vainqueur.

Le drapeau du 89e, au moment où la retraite s'opérait sur Sedan, fut d'abord enterré dans les fossés de la place par le porte-drapeau, M. Baclin, puis déterré au moment de l'ouverture des portes. Il suivit alors les débris du régiment dans l'intérieur de Sedan. Après la capitulation, et par suite d'une décision prise par les officiers qui se trouvaient au camp d'Iges, le glorieux trophée du 89ᵉ fut détruit par eux, le 6 septembre, à dix heures du soir.

De même aussi que pour beaucoup d'autres drapeaux, celui du 4ᵉ régiment d'infanterie de marine fut déchiré et partagé entre les officiers, sous-officiers et soldats. L'écharpe fut donnée par le colonel Ch. d'Arbaud, au fourrier Royaunez, qui porta son insigne une bonne partie de la journée où eut lieu la bataille de Bazeilles (1).

A la défense héroïque du petit bois de Mey, pendant la bataille de Borny, au moment où le combat était le plus acharné et le plus meurtrier, le 1ᵉʳ bataillon du 13ᵉ de ligne, un moment ébranlé, se repliait presque en désordre. Le porte-drapeau qui se précipite en avant pour rallier et entraîner les soldats, tombe mort. Le colonel Lyon s'élance en appelant à lui les soldats et les chasseurs du 5ᵉ bataillon qui combattent à côté. L'ennemi n'est plus qu'à cinquante pas. Répondant à son appel, le fanfariste Cauvez, de la 6ᵉ compagnie du 5ᵉ bataillon de chasseurs, s'élance des premiers, saisit le drapeau et le remet entre les mains d'un officier du 13ᵉ qui accourt le chercher.

(1) *Bulletin du soldat de 1873*, nº 13.

« Le 14 août, encore à Borny, le 1ᵉʳ régiment de ligne soutenait le 20ᵉ bataillon de chasseurs à pied dans l'attaque d'un bois, véritable fourmilière d'ennemis qu'il parvenait à déloger. Le 16, pendant la terrible journée de Gravelotte, le 1ᵉʳ de ligne doit franchir un ravin; ses mouvements s'exécutent avec une admirable précision sous une pluie de balles et de mitraille. Le 16ᵉ d'infanterie prussienne essaie d'arrêter la marche du régiment français, il succombe presque en entier sous une charge à la baïonnette, mais, de notre côté, le général Brayer est tué pendant qu'il donne ses ordres d'attaque au 1ᵉʳ de ligne. Au moment de rendre le dernier soupir, l'infortuné général s'était fait apporter le drapeau du 1ᵉʳ de ligne, afin de mourir en regardant ce symbole de la patrie. Une brigade de dragons prussiens veut venger le 16ᵉ régiment, elle se lance à fond de train; le 1ᵉʳ de ligne, reformé à la hâte, attend l'ennemi de pied ferme, et, lorsqu'il n'est plus qu'à deux cents mètres, l'accueille par une fusillade des mieux nourries qui fait rouler pêle-mêle cavaliers et chevaux.

« Le soir, quand le général de Cissey, demeuré toute la journée là où pleuvaient les obus, la mitraille et les balles, sans souci du danger, sans perdre de son calme et de son sang-froid, passa sur le front de bandière du 1ᵉʳ de ligne, il se fit apporter le drapeau et pressa sur sa poitrine en l'embrassant cet insigne de l'héroïque régiment.

« Deux jours après, quand les Prussiens recommencèrent l'attaque, le 1ᵉʳ de ligne, placé en réserve derrière les batteries de son corps d'armée, sur un terrain incessamment labouré par les projectiles, dut subir des pertes énormes sans pouvoir en infliger à l'ennemi. Sa brigade écrasée par l'artillerie prussienne, il suivit le mouvement général de retraite, se vit contraint d'abandonner le terrain conquis le 16, puis ses bagages, et, à la fin de la journée, de se retirer sous Metz. Officiers et soldats avaient tous été vaillants, tous étaient prêts aux plus grands sacrifices pour sauver la patrie, mais bientôt l'espérance du succès s'évanouit, puis vinrent les jours de disette et de famine, et, enfin... la capitulation (1) !... »

D'après une clause de cette capitulation, les drapeaux de tous les corps devaient être livrés à l'ennemi !!!

Dès que se répandit dans la garde le bruit qu'on allait enlever les drapeaux, une vive émotion se manifesta spontanément parmi les troupes, et un grand nombre de sous-officiers et soldats du 1ᵉʳ grenadiers se portèrent vers la tente

---

(1) Historique du 1ᵉʳ de ligne.

du colonel, et là, les larmes aux yeux et sous le coup d'une émotion difficile à décrire, ils lui dirent qu'ils ne voulaient pas quitter leur drapeau. Le colonel Péan, vivement émotionné lui-même, avait fait venir le porte-aigle, avec les deux sous-officiers qui devaient l'accompagner, et voyant l'impression qui agitait son régiment et la douleur qui l'accablait, le colonel résolut de détruire son drapeau. Il demanda le couteau d'un sapeur, et aidé du porte-drapeau, il le brisa et le mit en pièces. Les lambeaux furent partagés entre tous les officiers, sous-officiers et soldats du régiment.

Le général Jeanningros qui avait alors sous ses ordres le 1$^{er}$ de grenadiers et les zouaves (2$^e$ division, 1$^{re}$ brigade), approuva hautement ce que venait de faire le colonel Péan. Et de plus il alla trouver le colonel des zouaves de la garde pour lui dire d'en faire autant. Il trouva le colonel entouré de ses officiers ; le général l'informa de ce qui venait de se passer. « Vous allez imiter immédiatement l'exemple du 1$^{er}$ de grenadiers ; déchirez votre drapeau et faites scier les aigles ainsi que la hampe, et partagez-en les morceaux entre tous vos zouaves. »

Ce qui fut exécuté sans retard, au grand contentement de tous ces soldats dont la bravoure était légendaire, et qui, presque tous décorés, ne pouvaient admettre l'idée de livrer leur drapeau en pareille circonstance.

Le général écrivit ensuite : « Les drapeaux de mes deux régiments ont été détruits par mon ordre, les hampes et aigles sciées; les morceaux distribués à mes deux régiments; les drapeaux de ma brigade n'iront pas à Berlin! »

Noble inspiration dont l'événement allait justifier la clairvoyance.

Du reste, les sentiments qui animaient l'armée en ce moment allaient trouver un digne interprète. Écoutons le colonel de Girels; c'est l'honneur qui va parler :

« Le 27 octobre, à 5 heures du soir, j'appris que la place était comprise dans la capitulation qui se négociait. Je me rends immédiatement à l'arsenal pour y accomplir un devoir qui me tenait à cœur. Huit étendards m'avaient été confiés par sept régiments de cavalerie et un d'artillerie. J'allai donner l'ordre de les brûler; il était trop tard pour faire le soir cette opération qui eut lieu le lendemain.

« Le 28 au matin, j'allai à l'arsenal, mon lieutenant-colonel y était déjà. Il me rendit compte que le colonel Melchior, chef d'état-major de l'artillerie de la garde, était venu pour brûler les drapeaux de la garde, et il me dit : « Nous n'avons aucune espèce d'ordre, d'autorisation, mais comme nous brûlons les nôtres, j'ai pensé qu'il n'était pas contraire à vos intentions que chacun vienne brûler les siens. » Je lui répondis qu'il avait bien fait.

« J'allai à la forge où l'on détruisait les drapeaux et les étendards. On finissait de les détruire. Je trouvai un vieil adjudant qui cassait la dernière aigle, et il me dit : « En voilà une au moins que les Prussiens n'auront pas ! » Il mit tous les débris dans un panier et il alla les enterrer quelque part. »

Le général de Laveaucoupet répondit en ces termes au sujet de la demande qui lui fut faite de la remise de ses drapeaux :

« J'ai dit aux porte-drapeaux : vous allez vous rendre à l'arsenal, vous demanderez que les drapeaux soient brûlés devant vous ; cela fait, vous viendrez m'en faire votre rapport que vous signerez. Si les drapeaux ne sont pas brûlés devant vous, vous les rapporterez ici et vous recevrez des ordres.

« Les drapeaux ont été rapportés ; alors j'ai donné l'ordre suivant :

« Vous allez rentrer à vos régiments, et avec la plus grande publicité possible, les drapeaux seront brûlés. J'assume sur moi seul la responsabilité de l'ordre que je vous donne. On me rendra compte de son exécution dans la journée.

« Dans la journée, j'ai reçu avis que les drapeaux de la division avaient été brûlés. »

Nous lisons dans la déposition du général Lapasset :

« Le 27 octobre, à 9 heures du soir, je reçus de l'état-major du 2ᵉ corps, la lettre confidentielle prescrivant de remettre à l'artillerie les drapeaux de nos régiments.

« Ils devaient être transportés à l'arsenal de Metz pour y être brûlés. Je ne pus me faire à cette idée, les drapeaux pour moi représentaient la patrie; ils avaient été confiés à notre honneur et à notre courage; les livrer me sembla chose impossible.

« Le lendemain 28, avant le point du jour, je rassemblai mes colonels; je leur lus la lettre, fis part de mes sentiments, qu'ils partagèrent, et je leur donnai l'ordre de brûler les drapeaux en présence de leurs officiers et de m'apporter les procès-verbaux de l'opération.

« Le fait fut immédiatement accompli, et c'est alors que je répondis au général commandant en chef le 2ᵉ corps :

« Mon général, la brigade mixte ne rend ses drapeaux à personne et ne se repose sur personne de la triste mission de les brûler, elle l'a accomplie elle-même, ce matin; j'ai entre les mains les procès-verbaux de cette lugubre opération. »

Dans la brigade mixte, il y avait un régiment de cavalerie, le 3ᵉ lanciers, dont suivant l'ordre qui avait été donné au début de la campagne, l'étendard avait été déposé à l'arsenal. Le général Lapasset voulut qu'il fût brûlé comme les autres et il ordonna au colonel Thorel, du 3° lanciers, de se rendre à l'arsenal et de s'assurer que l'étendard était brûlé. En effet, le colonel revint et remit au général un procès-verbal, constatant que, le 27 octobre, l'étendard du 3° de lanciers a été brûlé (1).

Dominé par des sentiments semblables, le général Pé de Arros, commandant l'artillerie de la garde, envoyait de grand matin son chef d'état-major apporter les drapeaux à l'arsenal, et prescrivait de les faire brûler devant lui. En outre une circonstance eut fortuitement une conséquence heureuse, car elle permit à quelques officiers de détruire leurs drapeaux et au colonel Girels de détruire également des étendards confiés à sa garde avant que la signature de la capitulation fût connue.

(1) Voici ce document historique : *Procès-verbal d'incinération* : L'an mil huit cent soixante-dix, le 27 octobre, Nous, colonel directeur d'artillerie, assisté de M. Grivaux, garde principal d'artillerie, avons procédé à la réception d'incinération de l'étendard du 3° régiment de lanciers, en exécution de l'ordre de M. le maréchal commandant en chef l'armée du Rhin. En foi de quoi nous avons signé le présent procès-verbal. — Fait à Metz, les jour, mois et an que dessus.

Signé : lieutenant-colonel, Morry ; le garde principal, Grivaux, et pour copie conforme signé : Thorel, colonel du 3° de lanciers.

« Le 27 octobre, dans la soirée, a dit le général de Laveaucoupet, je reçus l'ordre de prescrire l'envoi des drapeaux de ma division. Ces drapeaux devaient être couverts de leur étui, mis dans un fourgon et envoyés à l'arsenal de Metz, où ils seraient brûlés. Cet ordre me parut excessivement honteux, je n'y trouvais aucun des caractères militaires qui, selon moi, devaient être observés.

« Les drapeaux sont remis aux troupes avec un grand apparat et une grande solennité ; jamais le drapeau ne sort sans qu'on lui rende des honneurs spéciaux, et je me disais : Voilà des drapeaux que l'on cache dans un étui, que l'on met dans un fourgon et qu'on envoie à l'arsenal pour y être brûlés !... Devant qui, par qui seront-ils brûlés ?... Quelle certitude y a-t-il qu'ils seront brûlés ? Quel est l'acte qui constatera qu'ils ont été brûlés ?

« Je fus indigné... Je me rappelai que ces drapeaux étaient ceux de la division que j'avais commandée et que je n'avais qu'à me louer de cette division ; je me rappelai que, devant ces drapeaux, le 6 août, 25,000 Prussiens avaient assailli, pendant douze heures, 8,000 Français placés sous mes ordres, et qu'ils avaient lâché prise en laissant 5,600 combattants sur le champ de bataille ; je me rappelai que, derrière ces troupes, le 2ᵉ corps, assailli également par des troupes trop nombreuses, avait fait sa retraite sans être inquiété.

« Et, alors, je me dis : Non ! ces drapeaux n'iront pas à l'arsenal comme on envoie un vieux cheval à l'abatage, ces drapeaux seront brûlés ! Et comme je ne pouvais pas être dans tous les forts à la fois et que je n'étais pas sûr qu'il ne surviendrait pas un contre-ordre qui paralyserait ma volonté, j'arrêtai dans mon esprit les dispositions suivantes :

« Ces drapeaux, je les ferai venir chez moi, et dans la cour de l'hôtel, je les ferai brûler moi-même en présence de la garde, en présence des détachements qui les auront amenés, en présence de mon état-major, et devant mon sous-intendant militaire qui en dressera procès-verbal. Ces petits détachements présenteront les armes, les officiers salueront de l'épée et les drapeaux seront brûlés, les aigles seront brisées et, faute de mieux, elles seront fondues dans les fourneaux de l'hôtel.

« Ceci bien arrêté dans mon esprit, j'envoyai l'ordre aux différents corps de la division de m'envoyer leurs drapeaux, et je terminais cet ordre par ces mots : « Ces drapeaux seront envoyés directement chez le général de division, qui donnera les derniers ordres. »

« J'avais ordonné que les drapeaux fussent rendus chez moi, le 28, à dix heures. Le 28 au matin, à neuf heures et quart, j'envoyai un de mes officiers d'ordonnance aux renseignements ; je lui dis : « Allez à l'arsenal, mais n'y allez pas officiellement, et voyez seulement ce qui s'y passe ; informez-vous si l'on brûle les drapeaux et revenez me le dire. » Cet officier revint presque immédiatement et me dit : « Mon général, on ne brûle pas les drapeaux. — Les reçoit-on ? » lui dis-je. Il me répondit : « Je n'en sais rien ; mais on ne les brûle pas, je m'en suis bien assuré. » A 10 heures, les porte-drapeaux arrivèrent avec leurs quatre fourgons et les quatre détachements que j'avais ordonné de commander pour escorter les drapeaux. Lorsque tout le monde fut réuni à l'hôtel, je dis aux quatre officiers qui commandaient les détachements : « Allez à l'arsenal, vous demanderez au chef de l'établissement de vous donner un reçu de vos drapeaux, et vous lui demanderez que ces drapeaux soient brûlés immédiatement devant vous. Si tout cela ne se fait pas, vous reviendrez ici — laissez-moi vos fourgons et vos détachements. » Ces officiers se rendirent à l'arsenal et revinrent presque immédiament en me disant : « On ne brûle pas les drapeaux et on ne donne pas de reçu. » Sur ce, je changeai d'idée, et, au lieu de faire brûler moi-même les drapeaux de ma division, je dis à ces officiers : « Retournez dans vos forts ;

allez trouver les colonels des divers régiments, et dites-leur ceci : « Faites sortir votre drapeau de l'étui, ou plutôt du corbillard où il est enfermé, faites-lui rendre les honneurs pour la dernière fois, et ensuite qu'il soit brûlé. »

Cet ordre fut exécuté.

Toutes ces protestations si généreuses, si grandement patriotiques, prouvent que le drapeau n'a jamais cessé de représenter dans l'armée l'honneur et la patrie!

Et comme l'a si bien dit M. le général Pourcet, cette vaillante armée de Metz a pu subir un immense désastre sans cesser de mériter l'estime de la patrie. Dans ses luttes gigantesques, à Rezonville, à Saint-Privat, officiers et soldats firent toujours leur devoir. Par leur ténacité dans une lutte inégale, par leur courage dans les combats, par leur résignation dans les privations, par une discipline que les situations les plus extrêmes ne purent ébranler, ils ne cessèrent d'être dignes de notre glorieux passé. L'ennemi lui-même rendit un éclatant hommage à leur valeur. Ils ont droit aussi à la reconnaissance du pays, malgré leur défaite, car il est digne d'une grande nation d'honorer ses défenseurs, alors même que leurs efforts sont restés impuissants à le défendre.

« A coup sûr le drapeau est quelque chose qui ur tenait au cœur, à ces hommes de forte trempe et de haut courage, puisqu'ils suffoquaient au seul souvenir de ces heures d'angoisses, pendant lesquelles une indigne intrigue les enveloppait et dérobait à leur vigilance les trophées qui ornent aujourd'hui les palais et les basiliques de Berlin (1). Quelques-uns vous l'ont dit, ces drapeaux couchés dans des fourgons et cachés à tous les regards, c'était, leur semblait-il, comme un lambeau de leur honneur, comme une part de leur âme qu'on leur arrachait, et ceux qui les escortaient avaient l'air de conduire le deuil de la Patrie :

(1) Après la seconde abdication, le feld-maréchal prussien, Blücher, en attendant le retour du roi, s'était installé aux Tuileries où tout fut fouillé de la cave aux greniers. Dans les recherches qu'il fit faire dans les combles, on trouva, paraît-il, plusieurs grandes caisses remplies de drapeaux neufs qui, fabriqués sous le Consulat, devinrent complétement inutiles après 1804, les draperies, les hampes n'étant plus semblables à ceux que l'on distribua. Aussi on comprend que ces insignes furent laissés dans l'oubli; mais le général prussien vint à secouer leur sommeil et il les emporta. De retour en Prusse, et ne sachant que faire de ces drapeaux, il en fit don au musée des armes, où ils furent regardés comme un témoignage de la valeur prussienne. Et on en dit autant des drapeaux emportés de l'arsenal de Metz par suite de la capitulation, drapeaux pris sans combattre ! Tristes trophées.

Par contre, un drapeau a été pris aux Prussiens. Celui-là a été pris comme les Français les prennent; il a été pris un jour de bataille, sous la mitraille, à la baïonnette !

Ce drapeau prussien est celui du 2ᵉ bataillon du 16ᵉ régiment d'infanterie. Il a été pris, le 16 août, par un officier du 57ᵉ de ligne qui faisait partie de la division de Cissey.

c'était en effet le deuil de sa gloire éclipsée, de son bonheur perdu.

» Oui, le drapeau, c'est bien, ainsi qu'on vous l'a dit, l'image de la France, c'est bien l'image de ce qu'elle aime, admire et honore le plus, car c'est l'emblème du sacrifice. Il parle à tous un langage ferme et limpide, entendu des plus humbles comme des plus grands : il faut le suivre tant qu'il avance et, s'il tombe, le relever pour le porter plus loin : cela est simple et cela suffit. Ce drapeau qu'on a pu livrer sans le ternir (trop d'éclat l'environne), il a été associé aux triomphes de la France et à ses désastres, hélas! à ses joies comme à ses souffrances ; il a flotté sur nos splendeurs et nos ruines, toujours honoré, relevant comme une promesse les courages abattus dans les jours de détresse et jalonnant la route du devoir devant les générations qui se succédaient à son ombre. Ainsi liée à nos destinées, cette grande et simple image de la Patrie, vrai symbole de son impérissable grandeur, nous apparaît si pleine de brûlants souvenirs et d'enivrantes espérances, que l'héroïsme en déborde sur les rangs sans cesse renouvelés de ceux qui se pressent autour d'elle. »

C'est bien là le drapeau de la France, dont toute l'histoire se résume en ce peu de mots échappés, dans un jour de péril et d'agitation populaire, à l'âme d'un grand citoyen : « Il a fait le tour du monde avec nos libertés et nos gloires. »

# LES ÉPHÉMÉRIDES
# DU DRAPEAU

*Suivi des étendards conquis dans la bataille,*
*Notre drapeau meurtri, haché par la mitraille*
*S'avance en souverain.*

## JANVIER

**1ᵉʳ Janvier 1806.** — Cinquante-quatre drapeaux enlevés par la Grande-Armée pendant la campagne de la fin de 1805 et donnés au Sénat, sont portés avec solennité au palais du Luxembourg.

Presque tous ces drapeaux, sauvés en 1814 et en 1815, après être restés longtemps autour du cercueil de Napoléon Iᵉʳ, dans la chapelle Saint-Jérôme aux Invalides, sont aujourd'hui disposés en six groupes dans la crypte souterraine où reposent les restes du grand capitaine.

2 Janvier 1797. — Lemarois, aide de camp du général en chef de l'armée d'Italie, et portant quatre drapeaux autrichiens pris dans les trois journées d'Arcole, est reçu solennellement par le Directoire exécutif.

3 Janvier 1809. — Dix drapeaux anglais sont enlevés au village de Pierros, près de Villafranca, par l'infanterie du général Merle et par la cavalerie légère du général Auguste Colbert.

Ce dernier général, un des plus brillants officiers de cavalerie et un des plus jeunes (30 ans), est tué d'une balle au front.

4 Janvier 1807. — Breslau, capitale de la Silésie prussienne, capitule. Les troupes du 9° corps de la Grande-Armée aux ordres du prince Jérôme et commandées devant la place par Vandamme, s'emparent de 6 drapeaux prussiens.

5 Janvier 1806. — Une députation du Tribunat remet au conseil municipal de la ville de Paris 6 drapeaux donnés aux édiles, enlevés par la cavalerie de Murat au brillant combat de Wertingen, sur les grenadiers autrichiens.

6 Janvier 1806. — Le gouvernement français fait don au roi de Bavière de 21 drapeaux retrouvés à Vienne, et qui avaient été enlevés aux troupes bavaroises.

7 Janvier 1797. — Le Directoire exécutif reçoit les drapeaux conquis par l'armée de Rhin et Moselle. — Ces drapeaux lui sont présentés par le capitaine Lhéritier, aide de camp du général de brigade Bellavène. — Ces trophées, envoyés aux Invalides, furent brûlés avec dix-huit cents autres la nuit qui précéda l'entrée des alliés à Paris, en 1814.

8 Janvier 1812. — Le capitaine Calame (Pierre), du 26e de dragons, né à Bitche, le 24 avril 1771, étant à l'armée d'Espagne, attaque, le 8 janvier 1812, avec 150 hommes de son régiment, un corps de cavalerie fort de 500 chevaux. — Il tue 50 cavaliers, en fait prisonniers 80, enlève 71 chevaux et s'empare lui-même de l'étendard du corps de cavalerie espagnol. — Ce beau fait d'armes lui valut la décoration de la Légion d'honneur.

9 Janvier 1801. — Le maréchal des logis du 9e régiment de chasseurs à cheval, Cappelligny,

enlève un drapeau à l'ennemi, le 9 janvier 1801, au combat de la Chiusa, dans une belle charge fournie par son escadron. Il reçoit en récompense un sabre d'honneur et la décoration de la Légion d'honneur, à la création de l'Ordre.

10 Janvier 1812. — La garnison de Valence, forte de plus de 16,000 hommes, sous les ordres du général espagnol Black, défile devant l'armée d'Aragon du maréchal Suchet, met bas les armes et laisse entre les mains du maréchal 21 drapeaux qui sont envoyés en France.

Le 10 janvier 1833, le roi Louis-Philippe fait porter directement, à l'Hôtel des Invalides, le drapeau de la citadelle d'Anvers. Ce trophée, reçu par le général Fririon, dans l'église, se trouve encore aujourd'hui, au côté ouest de la sacristie, sous le numéro 73.

11 Janvier 1801. — Cassegrain (Jean-Claude), né à Arthenau (Loiret), cavalier au 6° régiment de chasseurs à cheval, dans une charge exécutée par son régiment, à Castel-Franco, pénètre au milieu d'un corps de dragons autrichiens, le sabre à la main, il culbute tout ce qui s'oppose à son passage et enlève l'étendard du régiment autrichien. A la suite de cette action d'éclat, il obtient un mousqueton d'honneur et, en 1804, la croix de la Légion d'honneur.

12 Janvier 1799. — Le sergent Roussel (Jacques), du 67° de ligne, dans un combat d'avant-garde, à l'armée d'Italie, enlève un drapeau à l'ennemi. Le 30 mars 1803, il obtient, en récompense de cette action d'éclat, un sabre d'honneur et, le 24 septembre de la même année, la décoration de la Légion d'honneur, à la fondation de l'Ordre.

**13 Janvier 1809.** — A la bataille d'Uclez (Andalousie), les Espagnols perdent 34 drapeaux ou étendards. — Sept de ces trophées sont enlevés par le baron de Sopranzi, jeune officier plein de valeur, né à Milan, alors chef d'escadron au 1er régiment de dragons, et qui, après avoir été nommé sous-lieutenant sur le champ de bataille de Marengo, en récompense de sa belle conduite dans cette journée, était devenu un des aides de camp de Berthier. — Général de brigade en 1813, cet officier quitta, en 1814, le service de la France.

**14 Janvier 1797.** — A la bataille de Rivoli, les Autrichiens perdent 11 drapeaux ; Bernard (Joseph), né à Paris, voyant une colonne ennemie qui vient d'enlever le drapeau de sa demi-brigade, la 14e de ligne, dans laquelle il est sergent, se précipite tête baissée sur les Autrichiens, reprend le trophée et tombe percé de coups pour ne plus se relever, en criant à ses camarades: « Mes amis, sauvez le drapeau et je meurs content. »

A la même bataille, des drapeaux ennemis sont enlevés par les carabiniers Rose et Charia, de la 22e légère ; par le caporal Dervillers, de la 4e légère.

Au moment de commencer l'action, Bonaparte, passant devant le front de la 18e demi-brigade, lui dit : « Brave 18e, je vous connais, l'ennemi ne tiendra pas devant vous. » Après l'affaire, le chef de corps Fugière, obtint, en récompense de la belle conduite de ses troupes, de faire broder sur le drapeau de la 18e les paroles du jeune général en chef.

**15 Janvier 1794.** — La Convention décrète que le drapeau de la République sera tricolore, à trois bandes égales : bleu, blanc et rouge. Le jour même, on établit et on scelle sur le piédestal de la statue de Louis XV (à la place où se trouve aujourd'hui l'obélisque de Louqsor), un faisceau de quatre-vingt-trois hampes au-dessus desquelles, s'élève du centre, un immense drapeau tricolore flottant dans l'air. Chacune de ces hampes était censée représenter un des départements de la France.

Le 15 janvier 1797, dans une sortie faite par la garnison de Mantoue, pour débloquer cette place, Daumesnil, alors à la compagnie des guides du général en chef, enlève un drapeau et vient le présenter à Bonaparte qui, préoccupé, ne fait pas attention à lui. Daumesnil en prend un second richement brodé, c'était celui donné par l'impératrice d'Autriche aux volontaires de Vienne et brodé de sa main. Le brave guide met la cravate du drapeau dans sa poche et le présente ainsi au général. Ce dernier observant que la cravate n'est plus après le trophée : « Mon général, ré-
« pond Daumesnil, vous ne m'avez rien accordé
« pour le premier, je me suis payé pour le se-
« cond. » Bonaparte parle de ce drapeau dans sa lettre du 17 janvier 1797 au Directoire et cite Daumesnil comme l'ayant pris.

Le 15 janvier 1856, 4 pavillons et 2 drapeaux russes, pris par l'armée d'Orient en Crimée, sont apportés aux Invalides et placés dans l'église ; les pavillons sont près de l'autel, du côté opposé à la sacristie. Les drapeaux se trouvent, l'un, sous le numéro 1, près de l'autel du côté est, ou opposé à la sacristie ; l'autre, sous le numéro 1, du côté ouest, ou de la sacristie.

16 Janvier 1797. A un combat devant Mantoue,

le hussard Marchet, du 1ᵉʳ régiment enlève un drapeau autrichien et reçoit une arme d'honneur.

17 Janvier 1801. — A la prise de Trévise, le nommé Devos (Henri), de Morey (Saône-et-Loire), enlève un étendard à l'ennemi, fait prisonnier l'officier qui le porte, et reçoit, le 13 septembre 1802, une carabine d'honneur.

18 Janvier 1799. — Pierre Eychessié, caporal à la 27ᵉ légère, né à Tarascon en 1774, enlève un drapeau à l'ennemi. Il reçoit un coup de sabre, un coup de feu, ne lâche pas son trophée qu'il rapporte avec lui. Nommé sergent sur le champ de bataille, il obtint plus tard la croix de la Légion d'honneur. Ce fait d'armes eut lieu au combat de Porto-Fermo, à l'armée de Naples.

19 Janvier 1806. — Cérémonie à Notre-Dame de Paris pour les drapeaux pris à Austerlitz, donnés par l'empereur à l'église métropolitaine, et reçus en grande pompe par le cardinal du Belloy.

Ces drapeaux furent appendus aux voûtes de Notre-Dame. Au lieu de quatre-vingt-cinq annoncés, l'église en reçut quarante-neuf, dont vingt-deux russes et vingt autrichiens. Le prince Murat en donna un autre, en sorte que cela en porta le nombre à cinquante. Mais trois ayant été employés à compléter ceux en mauvais état, il en resta quarante-sept qui ne quittèrent pas Notre-Dame jusqu'au 31 mars 1814. Ce jour-là, à trois heures du matin, une simple lettre du préfet de la Seine, comte de Chabrol, prescrivit au chapitre métropolitain de retirer les trophées des voûtes. L'ordre fut exécuté, le procès-verbal de l'opération existe dans les archives diocésaines, mais il ne relate pas ce que l'on a fait de ces drapeaux. Sont-ils enfermés dans quelque coin des combles de la vaste église! Ont-ils été brûlés? C'est ce qu'il nous a été impossible de découvrir, malgré de nombreuses recherches.

20 Janvier 1839. — Le général du génie, de Berthois, un des aides de camp du roi Louis-Philippe, porte à l'hôtel des Invalides une flamme de drapeau, trophée provenant du glorieux fait d'armes de Saint-Jean-d'Ulloa. Cette flamme, sans hampe, reçue par le brave maréchal Moncey, duc de Conégliano, alors gouverneur de l'hôtel, est immédiatement placée à la voûte de l'église. Elle s'y trouve encore aujourd'hui sous le n° 2, à l'un des angles, près de l'orgue.

21 Janvier 1802. — Pierre Castillon, dragon au 25° régiment, enlève un drapeau dans une affaire où son régiment exécute une charge brillante à l'armée d'Italie et s'empare d'un mamelon; il reçoit d'abord un mousqueton, et à la création de l'Ordre de la Légion d'honneur, la décoration de chevalier.

22 Janvier 1810. — 80 drapeaux et étendards pris par l'armée française sur les Espagnols, aux combats d'Espinosas, de Burgos, de Tudela, de Somo-Sierra et de Madrid, sont apportés au Corps législatif par le comte de Ségur, sur l'ordre de l'empereur. Ces trophées ornèrent la salle des séances, pendant le premier empire. En 1814, on les cacha et ils reparurent en 1815. Une partie seulement d'entre eux furent sauvés à cette époque, et se trouve encore aujourd'hui au Palais législatif.

22 janvier 1855. — Présentation à l'empereur par le ministre de la guerre, de la députation arabe qui, sous la conduite du lieutenant Constant d'Yanville, du 3ᵉ régiment de spahis, apporta

quatre drapeaux enlevés dans la récente expédition de Tougourt, et dont l'un, teint du sang du brave cavalier qui l'arracha à l'ennemi. Le lieutenant Constant d'Yanville, qui entra le premier dans Tougourt, et Ahmed ben Amraoué, tirailleur du bataillon de Constantine, qui prit les deux drapeaux du cheick de Tougourt, reçoivent, des mains de l'empereur, la croix de la Légion d'honneur.

23 Janvier 1799.—Le général Championnet s'empare de la ville de Naples. Sept drapeaux tombent entre les mains de son armée et sont portés à Paris par un officier polonais qui les remet au Directoire exécutif.

24 Janvier 1797. — Le général Bonaparte ordonne au commandant Bessières qui est à la tête de ses guides de partir pour Paris, afin de porter au Directoire onze drapeaux enlevés à l'ennemi dans les derniers combats. Il lui remet la lettre suivante :

« Je vous envoie, citoyens Directeurs, onze
« drapeaux pris sur l'ennemi. Le citoyen Bessières
« qui les porte est un officier distingué par sa
« bravoure et l'honneur qu'il a de commander à
« une compagnie de braves, qui ont toujours vu
« fuir devant eux la cavalerie ennemie, et qui,
« par leur intrépidité, nous ont rendu dans la
« campagne des services très-essentiels. »

25 Janvier 1809. — Dans un combat devant Saragosse, le régiment polonais de la Vistule s'empare de sept drapeaux espagnols.

26 Janvier 1790. — Les gardes-françaises se rendent solennellement à Notre-Dame pour déposer aux voûtes de l'église les drapeaux blancs fleurdelisés, avec lesquels le régiment a com-

battu à Ivry, Veillane, à Nerwinde et à Fontenoy.

26 Janvier 1812. — Le colonel Delcambre, du 23e léger, attaque le corps anglo-espagnol de Paarfield, et lui enlève un drapeau près d'Alta-Fulla.

27 Janvier 1807. — Au combat de Psarrefelden, le drapeau du 9e de ligne est un instant aux mains de l'ennemi. Le régiment charge avec la fureur du désespoir et reprend son aigle.

28 Janvier 1865. — Le sergent-fourrier Besançon, du 1er régiment de zouaves, enlève un drapeau à l'ennemi au combat de Los-Petrezillos (Mexique).

29 Janvier 1811. — Le capitaine Desaix, neveu du général tué à Marengo, est présenté à Napoléon Ier par le prince de Wagram. Il remet à l'empereur le drapeau donné par le roi d'Angleterre à la ville de Tortose, drapeau pris dans cette place le 27 janvier par les troupes de l'armée d'Aragon.

30 Janvier 1795. — Au combat de Melcy, en Vendée, le maréchal des logis Gobin, du 7e de dragons, enlève un drapeau. En 1800, ce brave soldat reçoit un sabre d'honneur pour sa brillante conduite à Marengo.

31 Janvier 1852. — Le colonel Marnier fait don à l'hôtel des Invalides d'un pavillon anglais enlevé par lui et par l'équipage de la goëlette l'*Heureux-Toutou*, en 1813. Le colonel, alors chef d'escadron et aide de camp du général Rapp, avait sollicité de son chef, enfermé avec ses troupes dans la ville de Dantzig, la mission périlleuse d'aller prévenir l'empereur de la situation de la garnison. Embarqué sur un petit navire, il a l'audace, avec ses huit hommes, de se jeter à l'abor-

dage du brick anglais de 250 tonneaux les *Deux-Jumeaux*, monté par 25 hommes d'équipage, ayant 4 canons et naviguant dans les eaux de la Baltique. S'en étant emparé, il le monte et traverse la flotte anglaise.

Ce pavillon est placé sous le n° 95 aux voûtes de l'église Saint-Louis des Invalides, sur le côté est.

## FÉVRIER

**1er Février 1797.** — Le Corps législatif décide que les drapeaux qui ont servi au pont d'Arcole à ramener les troupes au combat et avec lesquels Bonaparte et Augereau se sont précipités à la tête des grenadiers seront offerts à ces deux généraux, comme récompense de leur valeur.

2 Février 1478. — A l'assaut du Quesnoi, Raoul de Lannois, gentilhomme flamand, s'élance sur les remparts de la ville et y plante le premier le drapeau royal. Le roi, une fois maître de la ville, fait venir le brave chevalier, et lui jetant autour du cou la chaîne d'or de l'Ordre de Saint-Michel, ordre institué par le roi en 1469 : « Par la Pâques Dieu, lui dit gaiement Louis XI, vous êtes trop furieux en un combat, mon ami, il vous faut enchaîner ; car je ne veux pas vous perdre, désirant plus d'une fois me servir de vous contre mes ennemis. »

3 Février 1864. — Au combat de Valle-Santiago (Mexique), le lieutenant Brunot, du 51e régiment, prend un drapeau à l'ennemi, fait d'armes en récompense duquel il est décoré.

4 Février 1797. — Huit drapeaux sont pris aux troupes romaines, au combat de Faenza.

5 Février 1807. — Les troupes aux ordres du maréchal Ney, au combat de Deppen, s'emparent de trois drapeaux prussiens des troupes du général Lestocq.

6 Février 1798.— Le général en chef de l'armée d'Italie, Bonaparte, remercie le ministre de la guerre de l'envoi du drapeau qu'on lui a décerné en souvenir de la bataille d'Arcole, et le même jour, il envoie ce drapeau au général Lannes avec la lettre suivante :

« Le Corps législatif, citoyen général, me donne un drapeau en mémoire de la bataille d'Arcole.

« Il a voulu honorer l'armée d'Italie dans son général. Il fut un instant, aux champs d'Arcole, où la victoire incertaine eut besoin de l'audace des chefs. Plein de sang et couvert de trois blessures, vous quittâtes l'ambulance résolu de mourir ou de vaincre. Je vous vis constamment dans cette journée au premier rang des braves. C'est vous également qui, le premier, à la tête de la colonne infernale, arrivâtes à Dego, passâtes le Pô et l'Adda. C'est à vous à être le dépositaire de cet honorable drapeau, qui couvre de gloire les grenadiers que vous avez constamment commandés. Vous ne le déploierez désormais que lorsque tout mouvement en arrière sera inutile, et que la victoire consistera à rester maître du champ de bataille. »

7 Février 1807. — Murat envoie trois drapeaux enlevés la veille au combat de Hoff, par sa cavalerie, aux troupes russes.

8 Février 1807. — A la bataille d'Eylau, le

17ᵉ de ligne, placé à la droite de l'armée, est décimé par le feu des Russes ; le drapeau du régiment, défendu par une poignée d'hommes, est sur le point de tomber au pouvoir des Russes. Le jeune Locqueneux, fourrier au régiment, met l'aigle dans la neige, sous ses pieds, la défend contre l'ennemi, appelle à son aide et, avec le secours du chef de bataillon Mallet, il parvient à rapporter son drapeau au milieu des débris du 17ᵉ, qui n'a plus, le soir de la sanglante bataille, qu'un homme sur cinq. Locqueneux fut nommé officier sur le champ de bataille. Ce brave officier est devenu général et commandeur de la Légion d'honneur. — A la même journée, Morin, fourrier au 30ᵉ de ligne, parvint également à conserver le drapeau de son régiment. En le défendant, il reçut plusieurs blessures et resta comme mort sur le champ de bataille.

9 Février 1800. — Réception aux Invalides de 72 drapeaux et de trois queues de cheval conquis par l'armée d'Égypte. — Ils sont présentés aux grands corps de l'État, au Champ-de-Mars, par le général Lannes. Après quelques paroles de Lannes et du ministre de la guerre, les trophées sont portés au temple de Mars (dans l'église de l'hôtel des vieux soldats).

10 Février 1799. — A la journée d'El-Arisch, Pernain, sergent-major à la 85ᵉ demi-brigade de ligne, plante le drapeau de son régiment sur la terrasse de la maison la plus élevée du village et obtient, en récompense de cette action d'éclat, un sabre d'honneur, puis en 1803, la croix de légionnaire.

11 Février 1799. — Le sergent Borel, connu à l'armée d'Italie par son intrépidité, va chercher

un drapeau au milieu des bataillons autrichiens ; il réussit à s'en emparer, mais à peine a-t-il fait quelques pas, en revenant triomphant, qu'une balle l'étend roide mort.

**12 Février 1782.** Lors de la prise de l'île Saint-Christophe par les troupes françaises, le marquis de Bouillé ne pouvant envoyer en France les drapeaux ennemis de la garnison, brûlés pendant le siége, les remplace par l'attestation suivante, signée du commandant et des officiers de Royal-Écossais :

Sandy-Point, le 14 février 1782.

« Nous certifions et déclarons par les présentes, sur notre honneur, que les drapeaux du premier régiment royal-infanterie ont été brûlés sur Brimtonn-Hill, pendant le siége et avant la capitulation, et nous déclarons en outre, sur notre honneur, qu'à notre connaissance, il ne reste aucun vestige desdits drapeaux. »

**13 Février 1814.** — A la bataille de Vauchamps, le colonel Zœpfell (mort général de brigade en 1865), se met à la tête de 80 tirailleurs du 6e de ligne et de 60 cuirassiers, se jette sur un carré de 1,000 Prussiens, l'enfonce, fait prisonnier le colonel et enlève le drapeau.

**14 Février 1793.** — Dans une charge de cavalerie (campagne du Brabant) le hussard Ger, du 8e régiment, enlève un étendard à l'ennemi. Il reçoit un mousqueton d'honneur et la décoration de légionnaire en 1803.

**15 Février 1814.** — Présentation à l'impératrice Marie-Louise, par le ministre de la guerre, des drapeaux enlevés par l'armée française aux alliés aux batailles de Champaubert, Montmirail, etc. Ces drapeaux, au nombre de 14, sont les derniers du premier empire envoyés à Paris.

16 Février 1807. — Deux drapeaux sont enlevés aux troupes russes, au combat d'Ostrolenka.

17 Février 1808. — Napoléon, par un décret sur la composition des régiments d'infanterie, institue la garde de l'aigle. Voici les derniers articles relatifs à cette circonstance.

« Art. 17. Chaque régiment aura une aigle qui sera portée par un porte-aigle, ayant le grade de lieutenant ou de sous-lieutenant, et comptant au moins dix ans de services, ou ayant fait les quatre campagnes d'Ulm, d'Austerlitz, d'Iéna et de Friedland. Il jouira de la solde de lieutenant de 1$^{re}$ classe.

« Deux braves, pris parmi les anciens soldats non-lettrés, qui, par cette raison n'auront pu obtenir d'avancement, ayant au moins dix ans de service, avec titre, l'un de second porte-aigle, et l'autre de troisième porte-aigle, seront toujours placés à côté de l'aigle. Ils auront rang de sergent et la paye de sergent-major. Ils porteront quatre chevrons sur les deux bras.

« L'aigle restera toujours là où il y aura le plus de bataillons réunis. Les porte-aigles font partie de l'état-major du régiment. Ils sont nommés tous les trois par nous, et ne peuvent être destitués que par nous.

« Art. 18. Chaque bataillon de guerre aura une enseigne portée par un sous-officier choisi par le chef, dans une des compagnies de ce bataillon. Le bataillon de dépôt n'aura aucune enseigne.

« Art. 19. Les régiments de ligne ont seuls des

aigles pour drapeaux ; les autres corps ont des enseignes.

« Nous nous réservons de donner nous-même les nouvelles aigles et les enseignes aux nouveaux régiments. »

18 Février 1814. — Quatre drapeaux autrichiens sont enlevés, à la bataille de Montereau, par la cavalerie du général Pajol.

19 Février 1811. — Le 5ᵉ corps, commandé par le général de division Girard, livre le combat de San-Christoval, près de Badajoz, et enlève 5 drapeaux aux Anglo-Espagnols. L'un de ces drapeaux est pris par le chef d'escadron Tholosé (mort général de division, après avoir commandé l'école polytechnique). Le rapport du maréchal Soult désigne le porte-aigle Lanchan du 34ᵉ de ligne, comme ayant planté le drapeau français le premier, dans le camp ennemi.

20 Février 1810. — A l'affaire de Vich, en Catalogne, le 42ᵉ de ligne soutient depuis huit heures du matin jusqu'à quatre heures du soir, les efforts d'un corps espagnol de 12,000 hommes d'infanterie et 1,200 cavaliers. Renforcé par le 3ᵉ bataillon du 1ᵉʳ léger, le colonel Espert, du 42ᵉ de ligne, fait battre la charge, enfonce le centre de l'ennemi, et lui enlève un drapeau. Il prend en outre 600 chevaux et fait 2,800 hommes prisonniers, dont 134 officiers.

21 Février 1746. — Le maréchal de Saxe, en pénétrant dans l'arsenal de Bruxelles, après la prise de cette ville, y trouve un drapeau, deux étendards et une trompette qui sont apportés à Paris, par le colonel de Piémont (3ᵉ d'infanterie). — En outre, cet officier remet au roi 52 drapeaux et 3 étendards conquis pendant la campagne.

22 Février 1809. — On trouve dans la ville de Saragosse, enlevée deux jours auparavant, 40 drapeaux qui sont envoyés à Paris.

23 Février 1814. — La garde nationale de Paris, en vertu des ordres du ministre de la guerre, va chercher à l'hôtel de ce dernier, les drapeaux pris sur l'ennemi et qui, présentés à l'impératrice, doivent être portés aux Invalides.

24 Février 1807. — Le lieutenant Fouquet, du 9e de ligne, au combat de Mohrungen, reprend l'aigle de son régiment, un instant au pouvoir de l'ennemi. Ce brave officier, mort chef de bataillon en 1840, à Verdun, est décoré sur le champ de bataille.

25 Février 1807. — Au combat de Braunsberg, deux drapeaux russes sont pris par les troupes françaises.

26 Février 1865. — Translation aux Invalides de dix trophées anciens, provenant des guerres du premier empire et donnés au ministre de la guerre par le général Duffourc-d'Antist. Ces trophées sont : 1 drapeau écossais du 66e régiment, 2 étendards pris aux Mameloucks en Égypte; 2 drapeaux prussiens, 1 étendard autrichien, 3 drapeaux espagnols, 1 portugais.

Outre les 10 trophées, le général en donne deux autres des plus curieux, achetés par lui en Suisse : l'un datant de 1619, donné, sous la régence de Marie de Médicis, par Richelieu aux Grisons, pendant leurs guerres avec leurs voisins d'Italie; l'autre, de 1476. Les Grisons le portaient à la bataille de Morat, quand ils battirent Charles le Téméraire. Ces deux derniers trophées sont déposés au musée d'artillerie.

27 Février 1848. — Décret du Gouvernement

provisoire sur la disposition des couleurs du drapeau.

« Conformément au décret du 25 février 1848, par lequel le Gouvernement provisoire adopte les trois couleurs disposées comme elles l'étaient pendant la République, le délégué au département de la police ordonne à tous les chefs des monuments publics et, en leur absence, aux concierges desdits monuments, d'y arborer de suite un drapeau, de la plus grande dimension possible, portant les couleurs ainsi placées : bleu, rouge et blanc, de telle sorte que le bleu tenant à la lance, le rouge soit au milieu et que le blanc flotte. »

28 Février 1807. — L'Empereur envoie à Paris les 16 drapeaux pris à la bataille d'Eylau.

## MARS

**1er Mars 1798.** — A la prise de Fribourg, le brigadier Reynes (Bernard), du 15e de dragons, né à Castelnaudary, charge, à la tête d'un détachement, un escadron ennemi qu'il culbute et auquel il enlève un drapeau. Il obtint un fusil d'honneur, et, en 1803, la décoration. Ce brave militaire est obligé de quitter le service en 1811, par suite des nombreuses blessures reçues sur le champ de bataille.

2 Mars 1797. — Augereau présente au Directoire exécutif les 60 drapeaux conquis sur l'armée autrichienne et que cette dernière a dû déposer devant les troupes françaises, à la suite de la reddition de Mantoue. Le ministre de la guerre,

le président du Directoire et le général **Augereau** prononcent chacun un discours, dans cette séance solennelle. Ils rappellent les actions guerrières accomplies par l'armée d'Italie, son patriotisme **et** son grand amour de la gloire.

3 Mars 1798. — Le Directoire remet aux généraux Macdonald et Duhesme les drapeaux décernés à titre de récompense nationale, aux armées du Nord et du Rhin-et-Moselle.

4 Mars 1797. — Dans une affaire de cavalerie, le chasseur Bolban, du 40e régiment, voyant un groupe de cuirassiers autrichiens qui entoure le porte-étendard de son régiment, n'hésite pas, quoique seul, à se jeter tête baissée et le sabre à la main sur l'ennemi. Il parvient à se faire jour, pénètre jusqu'auprès de l'officier, qu'il ramène ainsi que l'étendard. Il reçoit un fusil d'honneur, et, en 1803, la décoration de légionnaire.

Lévêque, cavalier au même régiment, s'empare d'un étendard autrichien et reçoit, comme son camarade, un fusil d'abord, puis plus tard la décoration.

5 Mars 1809. — Au combat de Monterey, livré par le maréchal Soult, au corps de la Romana, les Français enlèvent sept drapeaux aux Espagnols.

Le 5 mars 1811, le corps du duc de Bellune gagne la bataille de Chiclana, et prend trois drapeaux à l'ennemi.

6 Mars 1629. — Au passage des Alpes, le régiment de Flandres (qui répond dans notre armée moderne aux 19e et 20e d'infanterie de ligne) a une affaire des plus brillantes contre les Piémontais du régiment de Bélu. Il s'empare de neuf des dix drapeaux ennemis. C'est de cette affaire

que date ce dicton connu de toute l'armée française, avant la Révolution :

« Gardez-vous du feu, de l'eau et du régiment de Sault. » M. de Sault était alors colonel de ce corps.

Le 6 mars 1799, au combat de Reichenau, le général Demont enlève deux drapeaux aux cuirassiers d'Albrecht; et le même jour, au combat de Steig, les troupes de Masséna enlèvent également deux drapeaux à l'ennemi.

7 Mars 1799. — A la prise de Jaffa, en Syrie, le caporal Nolot, de la 15º demi-brigade de ligne, arrache, à travers la fusillade, les drapeaux turcs plantés sur les remparts. Il est blessé d'un coup de feu à la main. Le général en chef, témoin de sa valeur, lui accorde un sabre d'honneur et la décoration de la Légion d'honneur en 1803.

Le même jour, l'armée du général Chabran prend trois drapeaux au général autrichien Auffenberg, au combat de Coire dans les Grisons.

8 Mars 1799. — Championnet, voulant récompenser la bravoure des Polonais pendant la campagne d'Italie, charge le général Kniaziewitcz de se rendre à Paris pour remettre au Directoire les drapeaux enlevés à l'ennemi. C'était alors le plus grand honneur que pût recevoir un officier général.

La présentation a lieu au palais du Luxembourg, avec une grande pompe, le 8 mars 1799. « Sous ces drapeaux que les Polonais ont aidé à conquérir, dit le ministre de la guerre, Dubois Crancé, en les recevant; sous ces drapeaux, citoyens Directeurs, vous voyez le général Kniaziewitcz, l'un de ces étrangers, qui ne le sont pas pour nous. L'honneur de vous offrir ces trophées est le prix de ses vertus militaires et de ses services. »

8 Mars 1807. — Napoléon écrit à Cambacérès : « Mon cousin, je vous envoie par le major Fiederichs, qui se rend à Paris, pour prendre le commandement du 2ᵉ régiment des fusiliers de ma garde, les drapeaux pris à la bataille d'Eylau. Ces drapeaux sont destinés à être placés dans le temple qui va être construit (1). Je vous laisse le maître de faire pour la réception de ces drapeaux ce que vous jugerez convenable. »

9 Mars 1806. — Le général Reynier enlève aux Napolitains cinq drapeaux au combat de Campo-Tenèse.

Le 9 mars 1839, quatre pavillons, enlevés à la Vera-Cruz et à Saint-Jean d'Ulloa, sont portés aux Invalides. Trois existent encore sous les numéros 1 et 2, près de l'orgue à droite et un près de l'orgue à gauche. Le quatrième a été brûlé lors de l'incendie du 11 août 1851.

10 Mars 1815. — Promulgation, dans Grenoble, du décret impérial qui rétablit le drapeau aux trois couleurs.

11 Mars 1798. — Les chefs de brigade Ruby et Suchet (ce dernier plus tard duc d'Albuféra) présentent au Directoire exécutif 25 drapeaux pris à l'ennemi par l'armée d'Helvétie. Au nombre de ces trophées, s'en trouvent plusieurs restés dans l'arsenal de Soleure depuis les batailles de Morat et de Nancy, où ils avaient été enlevés à Charles le Téméraire.

12 Mars 1811. — Le commandant Avy remet

(1) Le Temple de la Gloire. — Aujourd'hui l'église de la Madeleine, à Paris.

au prince Berthier, de la part du maréchal Soult, 25 drapeaux enlevés à l'ennemi, à la bataille de la Gebora, par la division du brave général Girard (tué en 1815 à Ligny).

13 Mars 1795. — L'adjudant-général Clausel (plus tard maréchal de France), présente à la Convention 21 drapeaux enlevés aux troupes espagnoles et portugaises.

14 Mars 1590. — Bataille d'Ivry; allocution d'Henri IV, une des plus belles qui aient jamais été faites à des troupes :

« Mes compagnons, si dans la chaleur du combat vous perdez de vue vos enseignes, cornettes et guidons, ne perdez pas de vue mon panache blanc, vous le trouverez toujours au chemin de l'honneur et de la gloire. »

15 Mars 1829. — Réception aux Invalides de trois drapeaux pris au château de Morée. Ces drapeaux, les premiers portés à l'hôtel des vieux soldats, depuis la destruction de ceux brûlés, par ordre du maréchal Sérurier, en mars 1814, inaugurent la série des trophées qui sont actuellement dans l'église Saint-Louis. Ils existent encore tous les trois sous les n[os] 42, 72 et 80, et sont appendus, deux, au côté ouest; le troisième, au côté est.

16 Mars 1793. — Dans un combat sur la Gatte, deux jours avant la bataille de Nerwinde (armée du Nord), les troupes de Dumouriez s'emparent de trois drapeaux.

17 Mars 1793. — L'armée du Rhin, commandée par Custine, enlève deux drapeaux aux Prussiens, au combat de Stromberg.

18 Mars 1793. — A la bataille de Nerwinde, le maréchal des logis Dargent, du 7e de cavalerie, s'élance, à la tête d'un peloton, sur un escadron

de cuirassiers autrichiens et s'empare d'un étendard. Il est nommé, pour ce fait d'armes, lieutenant sur le champ de bataille et fait partie de la première promotion de la Légion d'honneur, à la création de l'Ordre.

19 Mars 1797. — La division autrichienne Bayalitsch, poursuivie par les divisions françaises Guieu et Sérurier, met bas les armes et rend les 10 drapeaux des régiments qui la composent.

20 Mars 1798. — A la bataille d'Héliopolis, le lieutenant Peruchot (Jean), de la Nièvre, servant à la 85ᵉ demi-brigade, pénètre le premier dans les retranchements ennemis, tue de sa main quatre mamelucks, s'empare d'une pièce de canon et d'un drapeau. A la fin de la campagne d'Égypte, pendant laquelle il avait reçu 14 blessures, il eut un sabre d'honneur et la décoration de légionnaire, en 1803, à la première promotion. Sept queues de cheval, marque de la dignité du grand visir à la tête des armées, sont enlevées à l'armée turque, et portées à Paris, par le général de brigade Vial et le chef de brigade Lazowsky.

21 Mars 1797. — Le général Bonaparte, par une lettre datée de Goritz, annonce au Directoire qu'il charge le général Kellermann de porter à Paris 24 drapeaux, dont 12 pris aux troupes romaines.

Le 21 mars 1855, l'empereur Napoléon III passe la revue des détachements de la garde qui vont se rendre en Orient. Ayant fait former le carré, il remet aux troupes leurs aigles et, se plaçant en avant de ces insignes que portent les cent-gardes, il prononce cette courte allocution :
« Soldats, l'armée est la véritable noblesse de notre pays ; elle conserve intactes, d'âge en âge,

les traditions de gloire et d'honneur national; aussi, votre arbre généalogique (en montrant les drapeaux), le voici. Il marque à chaque génération une nouvelle victoire. Prenez donc ces drapeaux, je les confie à votre honneur, à votre courage, à votre patriotisme. »

22, Mars 1421. — A la bataille de Beaugé, 14 bannières sont prises aux Anglais, parmi lesquelles celle du duc de Clarence. Elles sont portées triomphalement dans l'église Notre-Dame-du-Puy.

23 Mars 1797. — Le général Bonaparte fait écrire au fabricant Boudau, chargé de la confection des drapeaux de l'armée, pour qu'il inscrive sur celui de la 57ᵉ demi-brigade de ligne ces mots : *La terrible 57ᵉ demi-brigade que rien n'arrête.* La 57ᵉ avait mérité le nom de TERRIBLE à la bataille de la Favorite, le 16 janvier 1797. A la formation des régiments, le 24 septembre 1803, la 57ᵉ demi-brigade devint le 57ᵉ de ligne. Passant devant ce régiment, la veille d'Austerlitz, Napoléon lui dit : « Souvenez-vous qu'il y a longtemps que je vous ai nommé *la terrible.* »

24 Mars 1840. — Deux drapeaux enlevés aux réguliers d'Abd-el-Kader, pendant le combat de Biskara, sont remis au général Galbois, qui les envoie aux Invalides, où ils sont reçus le 20 octobre suivant. L'un d'eux existe encore sous le nº 99. Il est remarquable en ce qu'il porte, sur sa flamme en laine rouge, une main et un yatagan à double pointe, ainsi qu'un cercle avec caractères arabes, le tout en toile blanche et cousu sur la flamme. L'autre drapeau a été brûlé dans l'incendie du 11 août 1851.

25 Mars 1799. — Au combat de Medebaken, le

maréchal-des-logis Berthet, du 2ᵉ de dragons, enlève un drapeau à l'ennemi, reçoit un coup de sabre, se fait jour à travers un groupe de cavaliers, en tue plusieurs, rapporte son drapeau conquis et ramène quatre prisonniers.

26 Mars 1799. — A la bataille de Vérone, Castillard (Bernard), né le 12 février 1761, à Saint-Christophe (Meuse), chef de bataillon dans la 24ᵉ demi-brigade, sauva le drapeau de son bataillon, qui allait tomber au pouvoir de l'ennemi. Castillard fut nommé membre de la Légion d'honneur à la création de cet Ordre. Il est mort le 21 septembre 1813 à Saint-Mihiel (Meuse).

26 Mars 1807. — Ordre de l'empereur, daté d'Osterode et ainsi conçu : « Sa Majesté ordonne que les régiments d'infanterie légère n'auront pas d'aigles à l'armée, et que les aigles de ces régiments seront envoyées aux dépôts, cette arme ne devant pas avoir d'aigle devant l'ennemi. »

27 Mars 1809. — Dans un combat livré à Ciudad-Real par le général Sébastiani, quatre drapeaux sont pris à l'armée espagnole.

28 Mars 1797. — Au combat de Tarvis, le caporal Charlot, de la 25ᵉ demi-brigade de ligne, enlève un drapeau ennemi. Déjà le 20 mars précédent, à l'affaire de Lavis, le même caporal avait pris un drapeau aux Autrichiens.

Le 28 Mars 1809. — A la bataille de Medelin (Espagne), la division Villatte enlève trois drapeaux à l'ennemi. Ces trophées, donnés par la famille du général Villatte au ministre de la guerre, sont envoyés, en 1863, aux Invalides, par le maréchal Randon. Ils sont appendus aux voûtes de l'église Saint-Louis.

29 Mars 1809. — Bataille d'Oporto, livrée par le

maréchal duc de Dalmatie aux Anglais, auxquels on enlève 20 drapeaux. Ces drapeaux, portés aux Invalides, sont du nombre de ceux brûlés le 30 mars 1814, par ordre du maréchal Sérurier.

**29 Mars 1863.** — A l'attaque du fort Saint-Xavier, devant Puebla, le caporal Tissier et le soldat Chirion, du 2ᵉ de zouaves, — ce dernier blessé, — enlèvent deux fanions du 20ᵉ de ligne ennemi. Ces deux trophées sont aujourd'hui aux Invalides.

**30 Mars 1799.** — Au combat devant Saint-Jean-d'Acre, les sergents Daure, Oster et Daignos, de la 18ᵉ demi-brigade, portent, jusque sur la brèche, trois drapeaux et les y maintiennent jusqu'à ce que la retraite soit battue. Gérard, sergent à la même demi-brigade, dit Lannes, dans son rapport, a également porté le fanion du 3ᵉ bataillon sur la tour centrale, quoiqu'elle fût déjà abandonnée, et a ramené ses camarades sur ce point.

**31 Mars 1793.** — Au combat de Châtillon-sur-Sambre, le 1ᵉʳ bataillon des volontaires de Saint-Denis, chargé à plusieurs reprises par le régiment de Barco, se repliait, lorsque son porte-drapeau est tué. Le drapeau est prêt à tomber aux mains de l'ennemi, mais l'adjudant sous-officier Legrand, ralliant quelques hommes, se jette sur l'ennemi et parvient à donner le temps à ses camarades d'accourir pour sauver avec lui leur insigne.

## AVRIL

**1ᵉʳ Avril 1798.** — Le chef de bataillon Ducos présente aux membres du Directoire les drapeaux conquis sur les Autrichiens par l'armée d'Helvétie.

2 Avril 1799. — La ville de Trani (royaume de Naples) est enlevée d'assaut par les troupes du général Broussier. On y prend 12 drapeaux.

3 Avril 1840. — Douze drapeaux enlevés au combat de l'Oued-Halley sont portés aux Invalides. Sept ont été brûlés ; cinq existent encore sous les n os 15, 31, 94, 108 et 81. Presque tous ont une flamme en soie, de trois bandes horizontales, dont deux rouges et une bleue, avec une petite bande blanche, le long de la hampe.

4 Avril 1797. — Pendant un combat livré près de Brescia (Italie), un soldat de la 64$^e$ demi-brigade de ligne, nommé Stévenin, enlève un drapeau à l'ennemi.

5 Avril 1573. — Au siége de La Rochelle, les assiégés plantent, sur le bastion de l'*Évangile*, un drapeau insultant pour les catholiques. Sainte-Colombe, lieutenant-colonel du régiment de Champagne, se précipite sur la brèche, livre un combat furieux et revient triomphant avec le drapeau qu'il a arraché à l'ennemi.

6 Avril 1512. — Gaston de Foix, neveu de Louis XIII, ayant été tué à la bataille de Ravenne, son corps est conduit à Milan et déposé sous le dôme de la cathédrale, sur un catafalque formé avec les drapeaux pris à la bataille.

7 Avril 1677. — La brigade de Navarre, et les mousquetaires enlèvent, aux troupes d'Orange, à la bataille du Mont-Cassel, 44 drapeaux et 17 étendards.

8 Avril 1799. — Combat de Nazareth, 300 hommes de la 2$^e$ légère, commandés par le général Junot, soutiennent l'effort de 4,000 hommes de ca-

valerie ennemie, enlèvent 5 drapeaux et mettent près de 600 hommes hors de combat.

Dans cette journée, le maréchal des logis Roux, du 3ᵉ de dragons, tue plusieurs cavaliers ennemis, et de ce nombre un porte-étendard qu'il terrasse après une longue lutte. Il s'empare de l'étendard qu'il conserve, quoique son cheval soit tombé au milieu de la mêlée, et vient déposer ce glorieux trophée entre les mains du général Junot, qui le fit nommer sous-lieutenant. Après de nombreuses actions d'éclat, le brave Roux reçut un sabre d'honneur, puis la croix, et parvint au grade de chef d'escadron.

9 Avril 1800. — Au combat de Sassello (armée d'Italie), le général Soult, entouré, avec 4,000 hommes, par 22,000 Autrichiens, fait demander des secours par le chef d'escadron Franceschi, mort général de brigade. Cet officier remplit sa mission en parvenant à traverser deux divisions ennemies. A la fin de l'action, il enlève 8 drapeaux et fait mettre bas les armes à 800 hommes.

10 Avril 1800. — Masséna livre un combat aux Autrichiens, à Savone. Dans cette journée Renaud (Jean-Jacques), né le 1ᵉʳ janvier 1774, à Sirod (Jura), sergent à la 3ᵉ demi-brigade, enleva un drapeau à l'ennemi. Cette action lui valut un fusil d'honneur; et en 1803 il fut nommé membre de la Légion d'honneur.

Rousseau (Jean), grenadier à la même demibrigade, prit aussi un drapeau. Il obtint un fusil d'honneur pour sa belle conduite et en 1803 fut nommé membre de la Légion d'honneur.

11 Avril 1796. — Gardet, soldat à la 32ᵉ demi-brigade de ligne, saute le premier dans une re-

doute ennemie, au combat de Dégo, et enlève un drapeau. Il est décoré le 18 décembre 1803.

5 autres drapeaux furent également pris par des officiers, sous-officiers et soldats de cette demi-brigade.

12 Avril 1796. — A la bataille de Montenotte, Léon Aune, sergent de grenadiers, sauve la vie à deux généraux, et prend un drapeau. Surnommé pour ses actions d'éclat second grenadier de France, il reçoit un sabre d'honneur.

Le 12 avril 1796. — A la seconde journée de la bataille de Dégo, trois militaires de la 32ᵉ demi-brigade, Giniez, sergent, Fabre, grenadier, et Cambon, éclaireur, saisissent chacun un drapeau à l'ennemi.

13 Avril 1813. — Le maréchal Suchet et le général, plus tard maréchal Harispe, livrent le combat de Fuente Lahiguerra, dans lequel les troupes françaises prennent un drapeau.

14 Avril 1796. — Curieux récit de quatre soldats : nous sous-signés (orthographe conservée), sergent et volontaire du 3ᵉ bataillon de la 99ᵉ demi-brigade. Certiffions avoir reçu du chef de l'état-major de l'armée la somme de cent quatre-vingt douze livres, en récompense de quatre drapeaux que nous avons apportés pris sur l'ennemi à la journée d'hier. Au quartier général à Coreare, le 25 germinal l'An IV républicaine. Signé Bajolle, sergent; Tholirnot (deux signatures et deux croix).

15 Avril 1796. — Quinze drapeaux sont enlevés aux Austro-Sardes, par l'armée Italie, à la bataille de Millesimo, envoyés à Paris et présentés le 10 mai suivant au Directoire. Le caporal Marianne, les nommés Helonza, Gileron, Jule, Linot

et Extas, de la 51ᵉ demi brigade, en prennent quatre ; un cinquième est enlevé par Aune, deux autres par le caporal Blanc et le grenadier Carrière de la 32ᵉ demi brigade.

16 Avril 1797. — Bonaparte écrit au Directoire et termine ainsi sa lettre : « Je vous envoie par un capitaine de hussards qui a 80 ans de service, plusieurs drapeaux pris sur l'ennemi. »
Ce capitaine, nommé Jantzen, né à Ingelsheim, enrôlé en 1738 aux hussards de Berchiny, sous-lieutenant en 1771, pensionné en 1704, pour blessures graves, resta néanmoins sous les drapeaux et fut nommé, en 1793, capitaine au 1ᵉʳ régiment de hussards (ancien Berchiny). Il avait 85 ans, soixante années de services effectifs et vingt campagnes, lorsqu'il fut choisi par Bonaparte pour la mission honorable dont il fut chargé.

17 Avril 1800. — Le caporal Morin, de la 59ᵉ demi brigade, prend un drapeau aux Autrichiens à une affaire près de Plaisance, et obtient un sabre d'honneur. Il est décoré à la création de l'Ordre, comme légionnaire de droit.

18 Avril 1792. — Au sujet des mesures à prendre pour la distribution des nombreux drapeaux donnés par le roi, le comité militaire de l'Assemblée nationale propose de faire venir à Paris les anciens drapeaux des régiments pour être brûlés. Montant observe que les drapeaux des ci-devant gardes du corps, des mousquetaires, des gendarmes, des chevau-légers, etc., ont été envoyés à Coblentz au lieu d'être transférés à Paris ; il demande que tous les drapeaux soient brûlés dans les garnisons, à la tête des régiments et en présence des officiers municipaux. Cette motion appuyée par Tardiveau, Charlier, Roulgier, Tail-

lefer, combattue par Aubert-Dubayet et Chublier, est adoptée par l'Assemblée.

19 Avril 1706. — Le duc de Vendôme livre la bataille de Calcinato. Les drapeaux du régiment des grenadiers de Brandebourg sont enlevés par le régiment des dragons de Belle-Isle.

Le 19 avril 1809, la Grande-Armée prend huit drapeaux à la bataille de Tann.

20 Avril 1793, le conseil municipal de Rueil apporte à la Convention six drapeaux des gardes-suisses, trouvés dans le jardin de la caserne, enterrés à quinze pieds de profondeur.

20 Avril 1809. — A la bataille d'Abensberg, le chef d'escadron Lion, du 2ᵉ chasseurs à cheval, à la tête du régiment, charge deux bataillons hongrois rangés en bataille, les contraint à mettre bas les armes, au nombre de 3,000 hommes, et enlève deux drapeaux qui sont présentés à l'empereur, comme étant les premiers pris dans la campagne.

Le 20 avril 1814, Napoléon voulant faire ses adieux à sa garde, embrasse l'aigle du 1ᵉʳ régiment de grenadiers, commandé par le général Petit. Cet officier général a conservé ce précieux drapeau qui fut longtemps dans son salon à l'Hôtel des Invalides, puis ensuite au musée des Souverains. 21 Avril 1796. — Onze drapeaux sont pris par l'armée d'Italie, à la bataille de Mondovi.

Le 21 Avril 1809, le général Hervo, de la 2ᵉ division du 3ᵉ corps, emporté par son ardeur, au combat de Pessingen, est coupé des avant-postes par un bataillon ennemi. Avec quelques braves, il charge ce bataillon, et lui enlève son drapeau.

22 Avril 1809. — Quinze drapeaux sont pris

aux Autrichiens, par les Français, à la bataille d'Eckmühl.

22 Avril 1703. — A la bataille de Speyerbach, l'armée française prend plus de drapeaux et d'étendards qu'elle ne perd de soldats. Le lieutenant de Bonnac, de Royal (23e d'infanterie), venait de saisir un drapeau ; pris pour un ennemi par les soldats du régiment de la Marche, il reçoit vingt-deux coups de baïonnette avant d'avoir pu se faire reconnaître ; fort heureusement qu'aucune de ses blessures ne se trouva mortelle.

23 Avril 1809. — Combat devant Lerida. On prend 4 drapeaux.

— Au combat de Ratisbonne, la Grande-Armée s'empare de 9 drapeaux.

24 Avril 1796.— Bonaparte écrit au Directoire : « Le citoyen Junot, mon aide de camp, vous présentera 21 drapeaux pris aux Autrichiens et aux Piémontais, aux batailles de Montenotte, de Millesimo, de Dégo et de Mondovi. Il y en a 4 qui sont les drapeaux des gardes du corps du roi de Sardaigne, etc. »

25 Avril 1794. — Tendic, sergent major du 4e bataillon des volontaires de l'Yonne, chargé d'explorer les hauteurs de Tuirano, voit un poste d'Autrichiens qui protégeaient la garde d'un drapeau ; il se précipite, avec un de ses camarades, au milieu du poste ennemi, tue celui qui portait le drapeau, s'empare du trophée, fait prisonnier un capitaine et vient reprendre sa place dans les rangs de ses camarades.

26 Avril 1770.— Les drapeaux, guidons et étendards des gardes de Paris, assimilés par ordonnance royale aux troupes de la Maréchaussée,

sont bénis dans l'église Notre-Dame, par l'archevêque de Paris.

27 Avril 1794. — 4 drapeaux hanovriens sont pris à Menin, par le général Moreau.

28 Avril 1794. — L'armée du Nord prend 4 drapeaux autrichiens au combat de Kastel.

29 Avril 1798. — La division du général Jordy enlève 12 drapeaux aux Autrichiens à la prise de Zug (Suisse).

30 Avril 1800. — Au siége de Gênes, l'adjudant général Hector, à la tête d'une demi brigade, fait une sortie, enlève aux Autrichiens les échelles préparées pour l'assaut, fait mettre bas les armes à un bataillon ennemi et s'empare du drapeau. Il obtient, en récompense de ce fait d'armes, le grade de général de brigade. Il est mort à Paris le 5 novembre 1837.

## MAI

1er **Mai 1800.** — Les Autrichiens attaquent le camp retranché français, sur la rive droite du Rhin, à la suite de la prise du Vieux-Kehl, et les rejettent sur la tête du pont volant. Le général Lecourbe fait aussitôt replier le pont sur la rive gauche et, saisissant un drapeau : « Soldats, s'écria-t-il, voici le Rhin et voilà l'ennemi, il faut vous noyer ou vous battre. » Se précipitant alors, son drapeau d'une main, son sabre de l'autre, sur les Autrichiens, il parvient à se maintenir dans sa position.

— Combat de Neumarkt; le major Sainte-Croix enlève un drapeau à l'ennemi.

2 Mai 1809. — Le général Loison s'empare de la ville d'Amarante, prend au corps portugais de Silveyra toute son artillerie et 5 drapeaux.

3 Mai 1800. — Moreau livre aux Autrichiens la bataille d'Engen et leur enlève 3 drapeaux.

Le même jour, au combat d'Eyensten, un soldat de la 14e demi-brigade d'infanterie légère, nommé Robin, s'empare d'un drapeau, après avoir reçu dans la lutte deux coups de feu et deux coups de baïonnette. On lui décerne un fusil d'honneur, et plus tard la décoration à la création de l'Ordre.

4 Mai 1811. — Dans un combat, devant le fort de Figuières, 2 drapeaux sont pris aux Espagnols, l'un par le maréchal des logis Ledoux, l'autre par le cavalier Cuny, tous deux appartenant au 24e régiment de cavalerie.

5 Mai 1645. — Le maréchal de Turenne, à la bataille de Marienthal, se met à la tête de sa cavalerie, charge les escadrons ennemis et enlève aux Austro-Bavarois douze étendards.

5 Mai 1863. — Au combat de San-Pablo-del-Monte (Mexique), le cavalier Borde, du 1er régiment de chasseurs d'Afrique, tenant la tête de la charge, abat d'un vigoureux coup de sabre le porteur d'un étendard mexicain et s'empare du trophée. Ce fait d'armes valut à Borde la croix de la Légion d'honneur et la décoration à l'étendard du régiment.

6 Mai 1861. — Quatre drapeaux anglais sont envoyés à l'Hôtel des Invalides, pour être placés autour du tombeau de l'Empereur. Ces drapeaux sont au nombre de ceux qui forment aujourd'hui (dans la crypte souterraine, près du sarcophage où reposent les cendres du grand capitaine), six trophées composés d'insi-

gnes enlevés à l'ennemi pendant la campagne de 1805.

**7 Mai 1770.** — La compagnie des cent-suisses de la garde du roi fait bénir, dans l'église de Versailles, son drapeau avec les cérémonies usitées en pareil cas.

**8 Mai 1863.** — Combat de San Lorenzo (Mexique). Le sous-lieutenant Henry et le zouave Stum, du 3ᵉ régiment, enlèvent chacun un drapeau à l'ennemi. Le caporal Maingon, le fusilier Gounard, le grenadier Malet, le sergent Dupuis, du 51ᵉ, prennent chacun un fanion. Le fusilier Brizet, du même régiment, quelques jours plus tard, s'empare également d'un drapeau. En récompense de ces actions d'éclat, le sous-lieutenant Henry est décoré, les autres militaires reçoivent la médaille et les deux régiments dont ils font partie (3ᵉ de zouaves et 51ᵉ de ligne), ont l'honneur d'avoir leur aigle décorée. — Au même combat, les tirailleurs algériens Ahmoud ben Mijoub et Khenil ben Ali, prennent chacun un drapeau mexicain ; quatre autres tirailleurs du même régiment, le 3ᵉ, enlèvent quatre fanions. L'aigle du 3ᵉ régiment de tirailleurs algériens reçoit, comme ceux du 3ᵉ de zouaves et du 51ᵉ de ligne, la décoration de la Légion d'honneur.

**9 Mai 1796.** — Le Directoire, en audience solennelle, reçoit 21 drapeaux envoyés de l'armée d'Italie par le général Bonaparte, et présentés par le chef de brigade Murat. Le ministre de la guerre, ayant fait l'éloge des braves soldats vainqueurs à Millesimo, Mondovi, Dégo, etc., etc., Murat déclare, au nom de ses frères d'armes, que l'armée est prête à verser jusqu'à la dernière goutte de son sang pour la patrie. Il reçoit l'accolade du président du Directoire et une épée d'honneur.

10 Mai 1797. — Le Directoire reçoit en séance publique les drapeaux conquis par l'armée de Sambre-et-Meuse sur les Autrichiens, à Neuvied. Ces drapeaux, envoyés par le général en chef Hoche, sont présentés par un de ses aides de camp et par le général Mermet Ils sont apportés dans la salle d'audience par des soldats couverts d'honorables blessures. Le président, après le discours d'usage, donne l'accolade fraternelle au général Mermet et à l'aide de camp de Hoche, et leur fait don, au nom de la République, d'une arme de la manufacture de Versailles. Les drapeaux sont ensuite déposés et réunis à ceux conquis déjà par les armées françaises.

Le 10 mai 1707, à la bataille d'Almanza, l'armée anglo-portugaise laisse entre nos mains 120 drapeaux et étendards.

Le 10 mai 1852, le prince Louis-Napoléon distribue les aigles aux régiments de l'armée française, au Champ-de-Mars.

11 Mai 1745. — Bataille de Fontenoy; plusieurs drapeaux et étendards sont enlevés aux Anglais. Le régiment de Berwick (88ᵉ d'infanterie), en prend deux. M. Tardieu, parent du général Tardieu de Saint-Aubanet, en enlève un autre. Au plus fort du combat, Du Châtelet, porte-étendard des gendarmes du roi, est emporté par son cheval au milieu des escadrons ennemis. M. de Castelmoron, à peine âgé de 13 ans, s'élance avec quatre autres gendarmes pour sauver l'étendard, qu'ils reprennent en se précipitant sur les Anglais.

« Ce brillant escadron, fameux par cent batailles;
Lui, par qui Catinat fut vainqueur à Marsailles,

Arrive, voit, combat, et soutient son grand nom,
Tu suis Du Châtelet, jeune Castelmoron,
Toi, qui touches encore à l'âge de l'enfance ;
Toi, qui d'un faible bras, qu'affermit ta vaillance,
Reprends ces étendards déchirés et sanglants,
Que l'orgueilleux Anglais emportait dans ses rangs. »

12 Mai 1844. — Ordonnance du roi pour le mode de réception des drapeaux, étendards, guidons, etc., à délivrer à l'armée.

12 Mai 1799. — Le général Grenier soutient un combat glorieux à Bassignana (Italie) contre les troupes russes de Suwarof et leur enlève un drapeau.

13 Mai 1794. — Le sergent-major Poncet et le grenadier Dupont, du 2ᵉ bataillon du 83ᵉ régiment, sont admis à présenter à la Convention le drapeau qu'ils ont enlevé à l'ennemi.

14 Mai 1810. — Suchet s'empare de Lérida, où l'on prend dix drapeaux. Le cuirassier Tartarin enlève un drapeau qu'il va chercher au milieu d'un bataillon ennemi, pendant le combat du 14, et mérite de recevoir du général en chef des éloges pour sa brillante conduite.

15 Mai 1806. — Les chasseurs et grenadiers de la garde portent au Corps législatif plusieurs drapeaux qui ont été pris à l'ennemi par les soldats de Masséna et d'Oudinot.

16 Mai 1364. — A la bataille de Cocherel, Jehan de Grailly qui combattait pour le roi de Navarre, avait placé dans un hallier, voisin de la ligne de bataille, l'étendard royal, sous la garde de 60 hommes d'armes des plus braves. Duguesclin, qui combattait pour le roi de France, s'empara de Jehan, de ses principaux officiers et de l'étendard ennemi.

Le 16 mai 1811, à la bataille d'Albuera, six drapeaux, parmi lesquels ceux des 3e, 48e et 66e régiments anglais, sont pris par les troupes françaises.

17 Mai 1798. — Le général Lorge s'empare de la ville de Sion (Suisse) et y prend 7 drapeaux.

Le 17 mai 1807, l'épée du grand Frédéric, ses décorations et 28 drapeaux conquis à la campagne de Prusse, sont portés en grande pompe à l'hôtel des Invalides.

Le 17 mai 1809, en marchant sur Vienne, les troupes du prince Eugène prennent plusieurs drapeaux aux Autrichiens, entre autres ceux des régiments archiduc Jean et de Jellachich.

18 Mai 1794. — L'armée du Nord, sous Moreau, bat les Austro-Anglais à Turcoing et leur enlève 2 drapeaux et 2 étendards.

Le 18 mai 1862, au combat de Baranca-Secca d'Aculcingo (Mexique), le sergent Pacirena et les grenadiers Lecousne, Mège, Sineux, du 99e de ligne, enlèvent le drapeau du 2e régiment d'infanterie du corps de Zaragoza. Le caporal Tisserand, également du 99e de ligne, s'empare du drapeau des sapeurs de la division Zacatecas, du corps de Gonzalès. Ces drapeaux, ainsi que les fanions pris par le 99e de ligne, au combat de Borrégo, le 14 juin suivant, sont apportés en France par le capitaine Hubert de Castex, aide de camp du général de Lorencez, et déposés aux Invalides où ils se trouvent aujourd'hui. Cette action d'éclat mérita au 99e d'avoir son drapeau décoré.

19 Mai 1643. — Bataille de Rocroy. L'armée du duc d'Enghien enlève 30 drapeaux ou étendards à l'ennemi.

Le 19 mai 1800, au passage du Danube, le carabinier David, du 1er régiment, le fusilier Lefort enlèvent chacun un drapeau ; tous deux reçoivent des armes d'honneur, et plus tard la décoration.

20 Mai 1635. — Le maréchal de Châtillon livre aux Espagnols la bataille d'Avein et leur prend 89 drapeaux, 12 cornettes et 3 guidons.

21 Mai 1597. — La garnison espagnole enfermée dans Amiens fait une sortie contre les quartiers du maréchal Biron, pendant le siège de cette ville ; celui-ci repousse l'ennemi et un brave capitaine, nommé La Boulaye, va planter le drapeau français jusque sur le bord de la contrescarpe.

22 Mai 1800. — Kirmann, capitaine au 10e chasseurs à cheval, reçoit du général Decaen, au combat d'Erbach, l'ordre de se porter, avec son escadron, devant le fort, pour soutenir une batterie placée à la gauche du village de Delmesigen. Les Autrichiens, au nombre de 800, viennent l'attaquer. Il reçoit le choc, les repousse, les charge à son tour, sans perdre beaucoup de monde ; a un cheval tué sous lui. Il monte sur un autre cheval, se jette sur un bataillon de 500 hommes, lui enlève son drapeau et le force à mettre bas les armes. Le général Bonaparte, informé de ce brillant fait d'armes, donne un sabre d'honneur à Kirmann qui, plus tard devint chef d'escadron aux chasseurs de la garde, baron de l'Empire et officier de la Légion d'honneur.

Le 22 mai 1809, à la bataille d'Essling, quatre drapeaux sont pris à l'ennemi. Pierson, caporal dans la garde impériale, enlève un trophée aux grenadiers hongrois, dans le village même d'Essling, où il pénètre le premier. Pierson, devenu chef de bataillon, et officier de la Légion d'honneur, est mort à Belleville en 1845.

23 Mai 1798. — Le Directoire reçoit en audience solennelle les drapeaux décernés par la Convention nationale, en signe de reconnaissance publique, aux armées des Pyrénées-Orientales, des Pyrénées-Occidentales, des côtes de Brest, de Cherbourg et de l'Océan. Le capitaine Conscience en remet trois : celui de l'armée des Pyrénées-Occidentales, celui de l'armée de l'Ouest, celui de l'armée des côtes de Brest et de Cherbourg. Le capitaine Albert, aide de camp d'Augereau, remet celui décerné à l'armée des Pyrénées-Orientales. Le président du Directoire donne l'accolade fraternelle aux deux officiers et les drapeaux sont réunis au faisceau de ceux des armées d'Italie, du Rhin-et-Moselle, du Nord et de Sambre-et-Meuse.

24 Mai 1857. — A l'attaque du village des Beni-Ratten, en Kabylie, les 1$^{er}$ et 3$^e$ bataillons du 2$^e$ zouaves de la division Mac-Mahon, formant la première colonne d'attaque, ont l'honneur d'aborder les premiers l'ennemi et de planter leur aigle. Cette aigle, aux plis mutilés déjà par les batailles de l'Alma, de Sébastopol et de Traktir, reçoit deux nouvelles déchirures. Le sous-lieutenant Vigneau, qui la porte, vient la placer jusqu'au sommet du plateau couronné par le village d'Ismaï-Serin, où s'élève aujourd'hui le fort National.

25 Mai 1799. — Masséna bat les Autrichiens sur le bord de la Thur (Suisse) et ses troupes enlèvent un drapeau.

Le 25 mai 1809, le capitaine Aimé, du 9$^e$ chasseurs à cheval, enlève un drapeau au combat de San-Michel (Styrie.)

26 Mai 1843. — Les 4 drapeaux pris au combat de la Smala d'Abd-el-Kader sont envoyés en France, et remis aux Invalides le 5 juillet suivant.

L'un d'eux a été brûlé par l'incendie du 11 août 1851, les trois autres existent et sont appendus à la voûte, sous les n°s 83, 40 et 63. Le premier, n° 83, est le drapeau d'Abd-el-Kader, toujours placé devant la tente de l'émir, il est fort beau ; le second, n° 40, était celui des bataillons de réguliers. Sur la flamme, faite de trois bandes horizontales de soie, est appliquée une main, emblême du pouvoir et de la justice ; le troisième, n° 63, est le drapeau du Kalifat Si-Embareck-ben-Allel.

27 Mai 1846. — Un drapeau et 4 grands pavillons, pris au combat de l'Obligado, sont portés aux Invalides où ils sont déposés dans l'église. Le drapeau est sur l'un des grands côtés, les pavillons près de l'orgue. Le drapeau a sur sa flamme, en soie, un soleil rouge. Les pavillons ont des flammes de 4m50 sur 3 mètres avec les **armes de Buenos-Ayres**.

28 Mai 1799. — Au combat du bois de Fecingo, Blan, adjudant-major au 1er bataillon d'élite du Valais, voyant ses hommes qui hésitent à aborder les Autrichiens, saisit le drapeau, et se portant à la tête de la colonne, s'écrie : « Pour les braves ! en avant ! » Il fait battre la charge, et le village est enlevé grâce à ce trait d'audace. Blan devint chef de bataillon à la 11e légère.

Le 28 mai 1811, le caporal Victor Ferrand, du 7° de ligne, prend le drapeau du régiment d'Ibéria, à l'attaque d'Olivença.

29 Mai 1796. — Quatorze délégations de militaires invalides, figurant les 14 armées de la Répu-

blique, présentent au gouvernement les drapeaux enlevés à l'ennemi.

30 Mai 1844. — Au combat de Sidi-Azizi (Maroc), le carabinier Tropel, du 8ᵉ bataillon de chasseurs, après avoir abattu un porte-drapeau marocain, s'est élancé avec quelques-uns de ses camarades au-devant des cavaliers qui venaient enlever le mort, et s'est emparé du drapeau.

(Rapport du général Lamoricière, 30 mai 1844.)

Dans cette même affaire, les maréchaux de logis de Vachon, Fourtout et Guyot, cavaliers tous trois du 3ᵉ de chasseurs d'Afrique, ont pris 3 drapeaux.

Ces quatre drapeaux font partie de ceux de la campagne du Maroc, déposés aux Invalides, au nombre de 23, après la campagne et la bataille d'Isly.

31 Mai 1857. — Le ministre de la guerre envoie aux régiments qui ont fait la campagne d'Orient, des bandes de soie sur lesquelles sont inscrits les noms des affaires où ont combattu les divers corps. Ces bandes sont ajoutées sur la flamme des aigles à la suite des anciens noms de bataille.

## JUIN

1ᵉʳ Juin 1794. — Les marins du vaisseau le *Vengeur*, voyant leur bâtiment prêt à sombrer et ne voulant pas se rendre, lâchent à l'ennemi leur dernière bordée, au moment où la ligne d'eau arrive à hauteur de la batterie basse. Ils s'élancent ensuite sur le pont, grimpent aux mâts pour clouer le pavillon tricolore afin qu'il ne puisse tomber entre les mains de leurs adversaires ; puis, à l'instant où ils vont disparaître dans les flots qui s'ouvrent pour les engloutir, ils font retentir l'air du cri de : *Vive la France, vive la liberté!*

Lebrun, dans une belle ode, a retracé ce sublime dévouement au drapeau et à la patrie par ces vers :

> Voyez ce drapeau tricolore
> Qu'élève en périssant leur courage indompté ;
> Sur le flot qui le couvre, entendez-vous encore
> Ce cri : Vive la liberté!

2 Juin 1798. — Au combat de Castel-San-Juan, le sergent Plomion, de la 58e demi-brigade de ligne, s'aperçoit que le porte-drapeau de la demi-brigade vient de tomber mort et qu'un soldat russe s'est emparé de son insigne. Aussitôt il se précipite sur le Russe, lutte avec lui, lui arrache des mains le drapeau et rejoint son bataillon, au milieu d'une grêle de balles. Plomion ayant été présenté, en 1800, au premier consul, en reçut un sabre d'honneur. Légionnaire en 1803, officier de l'Ordre en 1813, ce brave soldat est mort chef de bataillon.

3 Juin 1799. — L'adjudant-commandant Boyer, depuis général de division, arrive au Caire, conduisant un convoi de blessés et de malades de l'expédition de Syrie. Il fait son entrée en ville à la tête d'un bataillon de la 69e demi-brigade de ligne, dont plusieurs sous-officiers portent les drapeaux turcs conquis dans les combats glorieux livrés par les troupes expéditionnaires.

4 Juin 1859. — A quatre heures du soir, un instant

avant l'attaque de Magenta par le 2⁰ corps, les deuxième et troisième bataillons du 2⁰ de zouaves se précipitent sur deux bataillons autrichiens du 9⁰ régiment, qui sont sur le point de s'emparer d'une pièce de canon française. Un combat acharné s'engage à l'arme blanche ; le zouave Daurière, de la 2⁰ compagnie du 2⁰ bataillon, lutte avec le porte-drapeau du régiment autrichien. L'adjudant Savière lui vient en aide, blesse d'un coup de sabre le porte-drapeau, et les deux braves militaires enlèvent le trophée. Le 2⁰ de zouaves, grâce à ce fait d'armes, a son drapeau décoré. C'est le régiment qui a eu le premier cet honneur dans l'armée du second empire.

Le 4 juin 1796, à la bataille d'Altenkirchen, l'armée de Sambre-et-Meuse, commandée par Jourdan, prend quatre drapeaux à l'ennemi.

5 Juin 1807. — Au combat de Spanden (campagne de Pologne), le 27⁰ régiment d'infanterie légère, retranché, défend toute la journée la tête de pont contre douze régiments russes et prussiens qui reviennent à la charge. Le 17⁰ de dragons, ayant rallié le 27⁰ léger, charge l'ennemi immédiatement après le septième assaut, le culbute et lui enlève un drapeau. Le même jour, à Lomitten sur un autre point, la brigade Ferrey, du corps de Soult, repousse les Russes et leur prend deux drapeaux.

5 Juin 1864. — Dans le combat livré contre les Flittas, à Dar-ben-Abdallah, les troupes de la colonne du général Rose enlèvent un drapeau.

6 Juin 1807. — Les Russes attaquent le corps du maréchal Ney dans sa position de Deppen, sur la Passarge. La division Marchand repousse l'ennemi toute la journée et lui enlève deux drapeaux.

7 Juin 1855. — Dans le rapport du général Pélissier, sur l'affaire du Mamelon-Vert, on lit : « J'ai dès à présent à vous signaler de glorieuses morts, qui ont excité parmi nous une vive admiration et de vifs regrets. Le colonel de Brancion a été frappé mortellement au moment où il plantait sur la redoute du Kamtchatka, le 7 juin, l'aigle du 50e de ligne... ».

Dans cette même journée, Brout, sergent-fourrier au 1er de zouaves, montra la plus grande valeur en allant planter le fanion du bataillon sur le Mamelon-Vert qu'il avait abordé un des premiers. Brout fut décoré de la médaille militaire le 18 juillet 1855.

Le 7 juin 1859, l'empereur ayant appris que les Autrichiens se fortifiaient à San-Juliano et à Melegnano (Marignan), sur la route de Lodi, donne l'ordre au maréchal Baraguey-d'Hilliers d'aller les déloger de ces deux postes importants. Le maréchal de Mac-Mahon était mis à la disposition du commandant en chef du 1er corps pour cette opération, qui devait être poussée avec vigueur et terminée dans la journée du 8.

Dans cette attaque, le 33e de ligne, dont l'aigle fut un instant compromise, paya un large tribut à la gloire de défendre son cher drapeau. Cinq officiers restèrent sur le champ de bataille : le capitaine Combas, les lieutenants Charpine et Carbuccia, les sous-lieutenants Bonnet et André. Onze officiers furent blessés, parmi lesquels le colonel Bordas et le lieutenant-colonel.

8 Juin 1800. — Une colonne de 1,000 Autrichiens, ignorant la prise de la ville de Plaisance par l'armée française, se présente devant cette place, ayant mission de former la garnison de la

citadelle. Le 11e de hussards monte à cheval, charge cette troupe, la met en déroute et lui enlève un drapeau. Plaisance avait été pris la veille par la cavalerie de Murat.

9 Juin 1807. — L'Empereur se porte sur Guttstadt avec les corps des maréchaux Ney, Davout et Lannes, avec sa garde et la cavalerie de réserve. 10,000 hommes de cavalerie ennemie et 15,000 d'infanterie veulent disputer le passage de la Passarge. La cavalerie de Murat, après une habile manœuvre, culbute les Russes et enlève plusieurs étendards à la cavalerie de la garde de l'empereur Alexandre. Le soir, les troupes françaises entrent de vive force dans Guttstadt.

10 Juin 1802. — Le premier consul prescrit, par un ordre au ministre de la guerre, la remise des drapeaux à toutes les demi-brigades d'infanterie légère de l'armée. En 1807, cette décision fut rapportée; il fut enjoint à cette infanterie de laisser ses aigles aux dépôts des corps et de n'emporter en campagne que des guidons, ainsi que cela a lieu de nos jours pour les bataillons de chasseurs à pied, qui n'ont qu'un seul drapeau pour tous les bataillons de l'arme.

11 Juin 1795. — Prise de Luxembourg. Le général Hatry rend compte de son importante conquête en ces termes :

« Enfin elle est à la République, cette première forteresse de l'Europe! Je vous envoie 24 drapeaux et 1 étendard que l'adjudant général Charpentier vous remettra. »

Charpentier se présente à la Convention, dans la séance du 18 juin, et reçoit l'accolade fraternelle du président; puis sur le rapport de Cambacérès, l'Assemblée rend un décret portant que les vainqueurs de Luxembourg n'ont point cessé de bien mériter de la patrie.

12 Juin 1798. — Le général Baraguey-d'Hilliers s'embarque, par ordre du général en chef de l'armée d'Égypte, pour porter au Directoire le drapeau de l'Ordre de Malte, pris avec la place, et remis, dit-on, au chef de brigade Marmont par le soldat qui l'avait enlevé.

13 Juin 1797. — Le général Bonaparte donne l'ordre de faire inscrire sur le drapeau de la 18e demi-brigade : « Brave dix-huitième, je vous connais ; l'ennemi ne tiendra pas devant vous », paroles prononcées par Napoléon en passant devant le front de ce corps. Sur celui de la 25e, on inscrivit : « La vingt-cinquième s'est couverte de gloire. »

Le 14 Juin est un des jours anniversaires les plus glorieux pour les armées françaises. Ce jour-là furent gagnées les batailles de *Marengo*, 1800, de *Friedland*, 1807, de *Raab*, 1809, qui toutes les trois contribuèrent puissamment au succès définitif des trois campagnes contre l'Autriche.

A Marengo, 13 drapeaux furent enlevés par les nommés : Lanceleur, maréchal des logis aux grenadiers à cheval de la garde consulaire ; Milet et Leroy, grenadiers au même corps ; Doubette, grenadier à pied dans la même garde ; par les sergents Maurisson, Blein et Aupchi, par le caporal Groumel, de la 30e demi-brigade ; par le capitaine Deblon, du 25e chasseurs à cheval ; par le maréchal des logis Nougaret et le cavalier Godin, du même régiment ; par le dragon Jousse, du 8e. Tous reçurent des armes d'honneur, et la croix à la première promotion des légionnaires de droit.

A Marengo, le sergent Bitels, de la 96ᵉ demi-brigade, porte-drapeau, reste seul, avec un de ses camarades, entouré d'ennemis. Quoique blessé, il parvient à sauver son drapeau.

A la bataille de Friedland, l'adjudant sous-officier Labouvril, du 50ᵉ de ligne, voyant son bataillon enfoncé par la cavalerie russe, court aux grenadiers, se place au milieu d'eux, le drapeau à la main, et les ramène au combat en disant : « Défendons le drapeau au péril de notre vie. »

A Raab, cette *petite fille* de Marengo, comme l'empereur nomma cette bataille, 4 drapeaux sont enlevés à l'ennemi.

Le 14 juin 1859, l'empereur Napoléon III prend une décision en vertu de laquelle tout corps de troupe prenant un drapeau à l'ennemi sera autorisé à suspendre la croix de la Légion d'honneur à son aigle.

Le 14 juin 1862, le drapeau des sapeurs de la division Zacatecas, du corps du général Gonzalès Ortega, au Mexique, est enlevé, à l'affaire du Borrego, par le caporal Tisserand du 99ᵉ de ligne.

15 Juin 1796. — La division Lefebvre, de l'armée de Sambre-et-Meuse, livre aux Autrichiens la bataille de Wezlar et leur prend un drapeau.

Le 15 juin 1809, le corps de Suchet enlève trois drapeaux aux troupes espagnoles de Blake, dans un combat acharné en avant de Saragosse.

16 Juin 1815. — Le cuirassier Lamé, du 9ᵉ régiment, enlève le drapeau du 92ᵉ régiment anglais, dans une charge faite par la division de grosse cavalerie Kellermann, au combat des Quatre-Bras.

Le même jour, la droite de l'armée française, à la bataille de Ligny, s'empare de 40 bouches à feu et de six drapeaux.

17 Juin 1794. — La veille de la prise d'Ypres, un soldat du 1ᵉʳ bataillon du régiment de Vivarais, nommé Marc Aucogne, menacé de mort s'il ne se rend pas, répond qu'un soldat ne se rend jamais. Il tombe blessé, mais, apercevant son bataillon qui arrive, et engage la lutte avec les Autrichiens, il s'élance sur le porte-drapeau ennemi, le renverse, emporte ce trophée et rejoint ses camarades. Le général en chef de l'armée du Nord, pour récompenser ce trait d'audace, confie à Marc Aucogne un des drapeaux envoyés à la Convention. L'action du soldat est rappelée dans une pompeuse tirade du discours prononcé par Barrère, et le simple fusilier reçoit les honneurs de la séance et l'accolade du président.

18 Juin 1673. — Plusieurs colonnes d'attaque échouent à l'attaque d'un ouvrage devant Maëstricht, sous les yeux de Louis XIV. Le régiment de la Couronne (aujourd'hui 45ᵉ), parvient à s'en emparer. Le roi le récompense par cette inscription mise sur son drapeau : *Hanc Coronam Mastreka dedit.*

Le 18 juin 1815, à l'attaque d'Hougemont, sur la gauche de la ligne française, vers le commencement de la bataille de Waterloo, le porte-aigle du 10ᵉ léger tombe mort avec la garde du drapeau. Le régiment bat en retraite, et lorsque la fumée vient à se dissiper un peu, le colonel Cubières voit le drapeau de son régiment par terre, sous l'officier mort, et près de tomber aux mains d'une colonne anglaise qui s'avance rapidement. Le brave Cubières s'élance aussitôt seul pour reprendre son aigle. Un officier anglais, témoin de cet acte d'héroïsme, fait cesser le feu et laisse le colonel emporter le trophée. Au centre de la ligne de bataille, les drapeaux des 5ᵉ et 8ᵉ bataillons de la légion allemande sont enlevés. Dans la charge de la cavalerie de la garde, le régiment des chasseurs prend 3 drapeaux anglais. Deux autres sont pris par le fourrier Palan du 9ᵉ de cuirassiers et par le maréchal des logis Gauthier, du 10ᵉ; un troisième, par un cavalier du même régiment. Ces six derniers trophées sont présentés à l'Empereur devant la ferme de la Belle-Alliance, par les soldats qui les ont conquis. Le drapeau du 95ᵉ de ligne français est près de tomber aux mains de l'ennemi, le porte-aigle Puthod étant étendu blessé sur le champ de bataille. Le commandant Rulhières s'élance, prend le signe de l'honneur de son régiment, et parvient à entrer dans un des carrés du 1ᵉʳ corps. Un dragon anglais s'empare du drapeau du 45ᵉ de ligne français, le maréchal des logis Urban, du 4ᵉ de lanciers, s'en aperçoit, court sur le dragon, le jette par terre d'un coup de lance et, au milieu d'un combat acharné, parvient à reprendre l'aigle du 45ᵉ qu'il rapporte au colonel.

19 Juin 1799. — Au passage du Danube, le cavalier Lyonnet, du 1ᵉʳ régiment, enlève 1 drapeau autrichien. Il reçut un sabre d'honneur et plus tard la croix.

Le 19 juin 1800, Moreau gagne la bataille de Hochstedt. Six drapeaux sont pris à l'ennemi, dont 3 wurtembergeois par le 1ᵉʳ régiment de carabiniers du chef de brigade Cochois. Ces trophées sont portés au premier consul par le capitaine Degromety, mort à Paris officier général, en 1831.

20 Juin 1816. — Bénédiction et distribution des drapeaux de la garde royale. La fleur de lis rem-

place l'aigle, qui, elle-même, avait remplacé la pique surmontée du bonnet rouge. La fleur de lis, quinze ans plus tard, disparaît devant le coq gaulois, que l'aigle détrône à son tour au second Empire, et aujourd'hui un simple fer de lance surmonte la hampe des drapeaux français.

21 Juin 1794. — Le 1er régiment de hussards, au combat des postes de l'Etoile et de Bezalu, enlève 4 drapeaux à l'ennemi.

22 Juin 1797. — Le chef d'état-major général de l'armée d'Italie écrit au général de brigade Meyer: « J'ai reçu avec votre lettre les réclamations des 12e et 64e demi-brigades sur l'omission des inscriptions aux drapeaux qui leur ont été envoyés. Le général en chef approuve celles qu'elles proposent d'y ajouter et vous autorise à les y faire apposer, savoir : la 12e demi-brigade : 1º s'est distinguée à Borgoforte, le 17 fructidor an IV ; 2º a contribué, à Governolo, à la retraite de la colonne ennemie et fait 1,100 prisonniers ; — la 64e : 1º Affaire de Saint-Georges ; 2º blocus et prise de Mantoue ; 3º prise de Gradisca ; 4º s'est particulièrement distinguée sous Vérone, à Carcina, à Castelnovo et à la Croix-Blanche, en enlevant à la baïonnette 3 canons, 4 drapeaux ; 5º affaire de Monte-Sant' Ovidéo. »

23 Juin 1796. — Le sergent Terron, de la 76e demi-brigade, au siége de Kehl, reprend le drapeau de son bataillon à un soldat autrichien qui s'en est emparé. Appelant à lui ses camarades, il les rallie autour du drapeau et les guide au combat. Il reçoit un fusil d'honneur et la croix de légionnaire en 1803.

24 Juin 1852. — Au combat livré contre les Beni-Snassen, le grenadier Deroade, du 2e batail-

lon du 1ᵉʳ régiment de la légion étrangère, enlève un drapeau.

Le 24 juin 1859, à la bataille de Solférino, le 91ᵉ fit des prodiges de valeur. Le colonel Abbatucci (nouvellement promu alors au commandement de ce régiment; il était lieutenant-colonel du 52ᵉ), eut deux chevaux tués sous lui; le lieutenant-colonel Vallet et deux chefs de bataillon tombèrent blessés. Le lieutenant de Guiseuil, qui porte le drapeau du régiment, et sa garde sont entourés un moment par les Autrichiens. Cette poignée de braves se défend avec un courage héroïque. Deux fois les projectiles brisent la hampe du drapeau dans les mains de son défenseur, deux fois il dispute aux Autrichiens ce glorieux débris. Un coup de feu l'atteint à la cuisse; il roule à terre en serrant sur sa poitrine l'insigne de son régiment. L'ennemi se rue sur lui pour arracher ce lambeau, mais un vieux sergent décoré, Bourraqui plus leste et plus audacieux, ne fait qu'un bond et ressaisit ce précieux trésor (Voir *Appendice*).

Dans cette même journée de Solférino, vers une heure de l'après-midi, le 16ᵉ bataillon de chasseurs à pied (brigade Douay, division de Ladmirault, du 1ᵉʳ corps), est engagé dans le cimetière du village. Au moment où l'on parvient à débusquer les Autrichiens de ce réduit, protégé par de fortes murailles, le sergent *Garnier*, de la 1ʳᵉ compagnie, entre un des premiers, et aperçoit un drapeau autour duquel se groupe l'ennemi. Il s'élance, suivi de plusieurs chasseurs, pour l'enlever. Après une lutte héroïque, il revient avec ce trophée : c'est celui du 60ᵉ de ligne (régiment de Gustave Vasa). Remis par Garnier au maréchal Baraguey-d'Hilliers qui l'offre à l'empereur, il orne aujourd'hui la voûte de l'église des Invalides, sous le n° 5, du côté est, ou opposé à la sacristie. Garnier reçoit la croix de la Légion d'honneur, et le drapeau de son bataillon est également décoré.

— A peu près au même moment, le bataillon des chasseurs à pied de la garde enlève dans le village même de Solférino un autre drapeau qui est pris par le chasseur Montellier, et une batterie capturée par le lieutenant Moneglia. Le chasseur Montellier reçoit la médaille militaire.

— Le 70° de ligne (brigade Saurin, division de Failly, du 4° corps), combat avec vigueur dans la plaine de Medole, où le corps de Niel soutient seul les efforts d'une grande partie de l'armée ennemie. Vers 4 heures, le 2° bataillon de ce régiment, tenu quelque temps en réserve, est envoyé en colonne d'attaque pour s'emparer de la ferme de Casanata. Il rencontre l'ennemi à l'entrée d'un petit bois, l'aborde à la baïonnette et le met en déroute. Le fusilier Clavel engage une lutte terrible avec un porte-drapeau autrichien. Il est renversé, mais un de ses camarades, le fusilier *Abigre*, de la même compagnie, se précipite au secours de Clavel, et tous deux parviennent à s'emparer du drapeau du régiment Prince Windisgraetz, dont le colonel est tué dans le combat. Le trophée pris par les chasseurs de la garde et celui pris par le 70° de ligne, sont aujourd'hui sur le côté ouest ou de la sacristie, à l'église des Invalides.

25 Juin 1809. — Le 84° de ligne et trois compagnies du 9° régiment, retranchés dans le cimetière de Gratz, soutiennent, pendant quatorze

heures, une lutte hors de toute proportion contre les 20,000 hommes du corps de Gyulai. Ils tuent 1,200 hommes à l'ennemi et lui enlèvent 2 drapeaux. Ces troupes sont enfin dégagées par le général Broussier. Napoléon, lorsque la division Broussier eut rejoint la Grande-Armée avec le corps de Marmont, combla d'éloge le 84ᵉ et fit inscrire sur son aigle ces mots : *Un contre dix.*

26 Juin 1791. — Une grande partie des officiers du régiment de Picardie, sollicités par leur colonel, le prince de Condé, ayant passé la frontière en emportant le drapeau royal, la garde nationale de Dunkerque où Picardie, devenu 1ᵉʳ de ligne, est en garnison, donne au régiment un drapeau aux couleurs nationales.

27 Juin 1797. — Le général Sérurier, chargé de porter à Paris 22 drapeaux pris dans les dernières affaires de l'armée d'Italie et à Venise, est reçu en audience solennelle par le Directoire.

28 Juin 1811. — Tarragone est pris par le général Suchet, nommé maréchal en récompense de cette conquête. 23 drapeaux sont enlevés aux Espagnols.

29 Juin 1641. — A la bataille de Wolfenbuttel, les troupes du maréchal de Guébriant prennent 4 étendards aux Autrichiens.

30 Juin 1791. un décret décide que le premier drapeau de chaque régiment d'infanterie, de cavalerie et d'artillerie sera tricolore; que les autres seront de la couleur distinctive affectée à chaque corps; que tous ces drapeaux porteront d'un côté les mots : *Discipline et obéissance à la loi*, et de l'autre, le numéro du corps; que les cravates seront tricolores; que ceux des régiments qui avaient sur leurs drapeaux des preuves honorables

de quelque action d'éclat, les conserveront, mais que les armoiries féodales et royales disparaîtront; que les drapeaux des volontaires nationaux porteront, d'un côté, le nom du département ou de l'endroit où le bataillon a été levé, et de l'autre ces mots : *Le peuple français debout contre les tyrans.*

30 Juin 1804. — L'aigle remplace le drapeau républicain ; on distribue une aigle par bataillon. Elle est formée d'une draperie tricolore flottant à une hampe surmontée d'un *aigle foudroyant* en cuivre doré.

## JUILLET

1ᵉʳ **Juillet** 1690. — Bataille de Fleurus; le maréchal de Luxembourg remporte une victoire complète. L'armée française enlève 200 drapeaux et étendards à l'ennemi. Cette quantité de trophées glorieux, pris à l'ennemi dans une seule journée, s'explique par le grand nombre de drapeaux dont les corps de troupes étaient alors pourvus dans toutes les armées de l'Europe.

2 Juillet 1747. — A la bataille de Lawfeld, sous Maëstricht, l'étendard des dragons du duc de Cumberland est enlevé par le carabinier *Pons Gibout*, dont l'histoire nous a conservé le nom, ainsi que celui de ses camarades *Aude* et *Saint-Nicolas*, qui firent prisonnier le général anglais Ligonnier.

Le 2 juillet 1859, le commandant d'Andlau, officier d'ordonnance de l'empereur, apporte aux Tuileries les drapeaux conquis sur l'ennemi à Solférino.

**3 Juillet 1796.** — Le lendemain du combat de la Reuch, le général de brigade Laroche, détaché par Moreau, avec la 21ᵉ légère et un escadron du 2ᵉ de chasseurs à cheval, monte la vallée de Reuch pour la balayer, et assurer ainsi à l'armée la possession des gorges des montagnes Noires. Il trouve ces gorges défendues par des tirailleurs et des paysans armés qu'il disperse, enlève pendant la nuit la redoute de la Kniebis, défendue par les Wurtembergeois, fait 400 prisonniers, dont 10 officiers, et prend 2 pièces de canon et 2 drapeaux.

Le 3 juillet 1799, le 1ᵉʳ bataillon du régiment de Dillon (87ᵉ d'infanterie de ligne), s'empare de Grenade (Antilles) et enlève trois drapeaux aux Anglais.

**4 Juillet 1799.** — Au combat de Kloster-Paradis (Suisse), le chef de bataillon Robert, de la 46ᵉ demi-brigade, est assailli par des forces supérieures ; il déploie dans cette circonstance autant de bravoure que de prudence et prend à l'ennemi 3 drapeaux et 4 pièces de canon.

**5 Juillet 1792.** — Les trois couleurs sont adoptées pour la cocarde nationale et les drapeaux français.

Le 5 juillet 1843, quatre drapeaux, provenant du beau fait d'armes de l'attaque et de la prise de la Smala d'Abd-el-Kader par le duc d'Aumale, sont apportés aux Invalides par le général Durosnel, aide de camp de Louis-Philippe. On y remarque le drapeau de l'émir, pris devant sa tente.

**6 Juillet 1809.** — Dix drapeaux autrichiens sont pris à la bataille de Wagram. L'un d'eux fut enlevé par le général Piré, chargeant à la tête du 23ᵉ de chasseurs à cheval, et un autre par le 8ᵉ régiment de hussards.

Le 6 Juillet 1836, au combat de la Sickak, 7 drapeaux marocains sont pris par les troupes françaises. Un seul existe encore à l'église des Invalides. Les six autres ont été détruits par l'incendie du 11 août 1851.

7 Juillet 1796. — Kléber écrit à Jourdan : « Auguste Dumas me marque que Carnot n'a point voulu recevoir les drapeaux dont il était porteur, ni ostensiblement, ni clandestinement. Le convoi était trop petit, et on lui a cité l'armée d'Italie qui doit en avoir pris 22 en bataille rangée. Il les a déposés, en conséquence, dans une maison bourgeoise. »

Ces drapeaux avaient été pris par l'armée de Sambre-et-Meuse.

8 Juillet 1652. — Le régiment de Champagne (8ᵉ d'infanterie), est assiégé dans Miradoux. Sommé par Condé de se rendre, avec menace d'être pendu et de voir son régiment passé au fil de l'épée s'il tarde encore, le baron Lamothe-Vedel, colonel du régiment, se contenta de répondre ces simples paroles, devenues la devise du corps : « *Je suis du régiment de Champagne.* » Il justifie la hauteur de sa réponse par une belle défense qui donne le temps au comte d'Harcourt de venir le dégager. Les habitants de Miradoux, pour perpétuer le souvenir de cette action, conservèrent longtemps l'usage de donner des drapeaux neufs au régiment de Champagne toutes les fois qu'il traversait leur ville.

9 Juillet 1745. — Au combat de Mesle, près Gand, deux soldats du régiment de Béarn (15ᵉ et 16ᵉ d'infanterie), Pierre Chaumont et Pierre Loucheron, voyant la cavalerie française battue sur la chaussée, se jettent au milieu des escadrons

anglais, attaquent un cornette, le tuent et rapportent en triomphe l'étendard ennemi.

10 Juillet 1796. — Au combat de Friedberg, un soldat de la 43ᵉ demi-brigade de ligne et un maréchal des logis du 1ᵉʳ régiment de chasseurs à cheval, nommé Jarland, enlèvent chacun un drapeau à l'ennemi.

— A la même bataille, Pajol combat à côté de Ney et, avec quelques hussards du 6ᵉ, il prend aux Autrichiens un drapeau, que l'ennemi ressaisit trois fois sans pouvoir le conserver.

10 Juillet 1809. — Deux drapeaux sont pris par les troupes françaises au combat d'Hollabrunn.

— A la même affaire, le fourrier d'Aigrois reprend l'aigle du 3ᵉ régiment, des mains des Russes.

11 Juillet 1809. — Deux drapeaux autrichiens sont pris au combat de Znaïm.

12 Juillet 1849. — L'Hôtel des Invalides reçoit un drapeau conquis sur les Romains et enlevé par nos soldats à la prise de la villa Pamphili. Ce drapeau est en soie, composé de trois bandes horizontales : verte, blanche, rouge. Sur la blanche, les lettres R. R. (République romaine) entourées de feuilles de chêne.

13 Juillet 1800. — Au combat livré en avant de Feldkirch, par la division Lecourbe (armée du Rhin), aux Autrichiens, un adjoint à l'état-major, dont le nom n'est pas parvenu jusqu'à nous, enlève un drapeau.

14 Juillet 1797. — Distribution à l'armée d'Italie de ses nouveaux drapeaux. « Soldats! dit le général en chef Bonaparte, que vos drapeaux soient toujours sur le chemin de la victoire. »

Il remit à la 25ᵉ demi-brigade un drapeau sur lequel étaient inscrits ces mots :

*La vingt-cinquième s'est couverte de gloire.*

A la 18ᵉ demi-brigade, un drapeau portant cette devise : « *Brave dix-huitième, je vous connais; l'ennemi ne tiendra pas devant vous.*

14 Juillet 1800.—Dans une grande cérémonie au Champ de Mars, le premier consul reçoit 23 drapeaux pris par les armées de Réserve, du Rhin et d'Italie. 14 drapeaux, envoyés par Moreau, sont portés par les grenadiers de la garde des consuls, qui arrivent ce jour même de la campagne de Marengo. Ces trophées sont déposés au temple de Mars (église de l'Hôtel des Invalides).

15 Juillet 1790. — Les vétérans des troupes de ligne déposent à l'Assemblée nationale l'oriflamme qui leur a été donnée par la ville de Paris à l'occasion de la fédération du 14 juillet. On décide que ce trophée sera suspendu dans la salle.

16 Juillet 1789. — La garde du drapeau du régiment des gardes françaises est confiée à la compagnie de grenadiers de ce régiment, devenu bientôt après le noyau de la garde nationale de Paris. Ce drapeau, enseigne d'azur à croix blanche, est modifié ainsi : à la couronne royale qui termine chacune des quatre branches de la croix, on substitue le bonnet de la Liberté et l'on ajoute, au centre de la croix, d'un côté l'image de la Bastille embrasée, avec cette légende : *Ex virtute libertas;* et de l'autre, une couronne civique, avec ces mots : *Pro patria et lege.*

17 Juillet 1697. — Au siège de Barcelone, les assiégés firent une sortie qui met un peu do désordre dans les compagnies du régiment d'Alsace (53ᵉ d'infanterie). Le prince de Birkenfeld, colonel du régiment, saisit un drapeau et court le planter au milieu d'un des bastions où une de ses com-

pagnies venait d'être repoussée. Ce trait d'audace étonne les assiégés en même temps qu'il rallume l'ardeur des Français, et les bastions demeurent en possession des braves soldats du régiment d'Alsace.

18 Juillet 1744. — Etant à l'armée des Alpes les régiments de Poitou, de Conti, de Provence, guidés par le bailli de Givri, s'avancent vers le col de Pont-Dormis. Le roi de Sardaigne averti de cette manœuvre, fait couper un pont qu'il considérait comme l'unique endroit par où l'on pût arriver aux retranchements de Pierre-Longue, tous les habitants l'ayant assuré que la crête des montagnes était impraticable, et que d'ailleurs les Français n'y trouveraient ni eau ni bois. Aussi, quand le roi aperçut les drapeaux de Poitou (1) flottant sur les cîmes, il s'écria avec dépit : « Il faut que ce soit des diables ou des Français ! »

19 Juillet 1747. — A l'attaque des retranchements du col de l'Assiette, au plus fort d'un sanglant combat, un enseigne du régiment d'Artois (48ᵉ d'infanterie), nommé Martial de Brie, âgé de douze ans, mortellement blessé, ne voulut remettre le drapeau qu'il portait à son sergent d'escorte, que lorsqu'il fut près d'expirer.

Le 19 juillet 1808, la division Vedel, du corps de Dupont, enlève 2 drapeaux aux Espagnols, à l'affaire de Guaramoz.

Le 19 juillet 1863, 5 drapeaux et 13 fanions mexicains pris à l'assaut de Saint-Xavier, et au combat de San Pablo del Monte, sont apportés en

---

(1) Poitou (13ᵉ de ligne), avait 9 drapeaux. Les huit d'ordonnance offraient la combinaison tricolore, les carrés étant rouges et bleus, apposés de chaque côté de la croix blanche.

France par le capitaine de Galliffet (aujourd'hui général de division), et déposés aux Invalides.

20 Juillet 1831.—Il est envoyé du musée d'artillerie aux Invalides, 110 drapeaux, dont 74 espagnols, 32 portugais et 4 anglais, provenant des campagnes de la Péninsule, de 1808 à 1813.

21 Juillet 1798. — Un décret du Directoire supprime les drapeaux à légende.

Le même jour a lieu la bataille des Pyramides. Un caporal de la 32e demi-brigade, Jean Cambfort, et un soldat de la 79e, nommé Lebrice (Nicolas), enlèvent chacun un trophée ; ils reçoivent des armes d'honneur, et plus tard la décoration.

Le 21 juillet 1812, le général Delort, à la tête de l'avant-garde de l'armée d'Aragon (7e de ligne, 24e de dragons, un escadron du 13e de cuirassiers et 4 bouches à feu), livre le combat de Castalla, à 6 lieues d'Alicante. Trois drapeaux sont enlevés par ses troupes, qui prennent 3,000 hommes, 2 pièces de canon et 10,000 fusils anglais.

22 Juillet 1812. — A la bataille des Arapiles, le commandant de Mylius, du 118e de ligne, à la tête de son bataillon, se jette sur l'ennemi. Au milieu de la mêlée, le lieutenant *Gulmare* se précipite sur le porte-drapeau anglais, lui coupe le bras d'un coup de sabre, et lui enlève son drapeau ; mais atteint lui-même de trois coups de baïonnette, il n'a que le temps de remettre le trophée conquis aux mains du commandant de Mylius, qui a le bonheur de le conserver. Le soir, ce drapeau est donné pour ralliement au 118e, au bivouac d'Alba le Tormès. Le surlendemain, le commandant l'envoie au maréchal Marmont, qui le fait porter à côté du brancard sur lequel il est étendu blessé.

23 Juillet 1799.—Le 1er bataillon de la 13e demi-

brigade soutient un combat à Birket et enlève 2 étendards (armée d'Egypte).

24 Juillet 1800. — Un aide de camp du général Masséna arrive à Paris porteur d'une lettre adressée par ce général au ministre de la guerre : « Je charge mon aide de camp Burthe, de vous porter les drapeaux enlevés à l'ennemi ; huit ont été pris par l'aile droite, et six par le centre. Ces drapeaux seront un monument durable de l'intrépidité et du dévouement de cette brave armée, etc. »

Le 24 juillet 1810, un drapeau est enlevé au combat d'Alméïda.

25 Juillet 1799. — Bataille d'Aboukir. *Meyssin*, né à Lhuys (Ain), porte-drapeau de la 22ᵉ légère, franchit le premier les palissades et plante le drapeau au milieu des batteries turques. — Dans la même journée, Daumesnil, brigadier dans les guides du général en chef, s'empare de l'étendard du capitan-pacha (1).

26 Juillet 1793. — La Convention décrète de brûler les 86 bannières qui ont servi dans la fédération du 14 juillet.

Le 26 juillet 1794, l'adjudant général Drouhot présente à la Convention les drapeaux pris à Landrecies, lors de la reddition de cette place, le 16 juillet précédent. Drouhot (Pierre-Nicolas) devint en 1812 chef d'état-major du duc de Padoue. Mis à la retraite en 1813, il est mort à Valon, son pays natal, le 27 juillet 1837.

27 Juillet 1214. — Bataille de Bouvines. L'étendard de l'empereur Othon tombe au pouvoir de l'armée de Philippe-Auguste, et lors de la rentrée

---

(1) Daumesnil, devenu général de division, et connu sous le nom de *général à la jambe de bois*.

des troupes françaises à Paris, ce trophée est porté en triomphe à leur tête. Cet emblème, figure massive d'une aigle au bout d'une longue perche, était traîné sur un chariot attelé de bœufs.

Le 27 juillet 1809, l'armée du roi Joseph enlève 4 drapeaux à la bataille de Talaveyra de la Reyna.

28 Juillet 1644. — Capitulation de Gravelines. Le capitaine Charmois du régiment de Piémont fut chargé d'apporter au roi 10 drapeaux pris à la garnison. C'était une marque des services éminents rendus par le régiment dans ce siège.

Le 28 juillet 1861, un détachement de soldats de marine apporte à l'hôtel des Invalides les drapeaux et bannières conquis par les soldats français sur les Chinois en septembre 1860.

29 Juillet 1693. — A la mémorable bataille de Nerwinde, le maréchal de Luxembourg voyant les troupes fatiguées, s'adresse aux officiers et ôtant son chapeau leur dit : « Messieurs, il s'agit de la gloire de la France ». 80 drapeaux ou étendards sont le prix de la victoire. Ils furent présentés à Versailles à Louis XIV, par le comte d'Albergette, lieutenant-colonel de Royal-Italien. Ces drapeaux furent ensuite portés à Notre-Dame de Paris. Luxembourg, s'y étant rendu peu de temps après avec le prince de Conti, ce prince dit en écartant la foule qui embarrassait la porte : » Messieurs, laissez passer le tapissier de Notre-Dame. »

Le 29 juillet 1798, Bonaparte, ayant organisé une garde civique au Caire, lui distribue des drapeaux. Sur ces enseignes, aux couleurs de la France et surmontées d'un croissant, on lit : *La République française à ses alliés les enfants de l'Egypte.* Ces drapeaux sont encore dans l'arsenal de Boulac, où on les conserve avec un soin religieux.

30 Juillet 1808. — La ville d'Evora (Portugal) est enlevée d'assaut et huit drapeaux y sont pris.

31 Juillet 1796. — Bataille de Fribourg. *Perret*, soldat de la 32e demi-brigade, enlève un drapeau à l'ennemi. Décoré en 1803, il est mort à Laveyron (Drôme) le 1er mars 1839.

Le 31 juillet 1796, le général Sauret reprend Salo et s'empare de 2 drapeaux, de 2 bouches à feu et de 300 prisonniers.

Le 31 juillet 1865, des drapeaux et des fanions mexicains, apportés en France par le capitaine Magnan, sont déposés à l'hôtel des Invalides.

## AOUT

**1er Août 1664.** — Syllery, enseigne au régiment de Turenne, mortellement blessé à l'affaire de Saint-Gothard, s'enveloppe dans le drapeau de son régiment. L'ennemi s'empare de ce trophée, mais les piquiers du régiment, à cette vue, s'élancent tête baissée, culbutent tout ce qui s'oppose à eux, et reprennent bientôt leur insigne. En récompense de ce fait d'armes, la garde du drapeau, du régiment de Turenne, fut, à dater de ce jour, confiée aux piquiers. Cet usage subsista jusqu'à l'époque où la pique fut complétement abandonnée.

Le 1er août 1794, Fontarabie bombardée fut prise et 6 drapeaux espagnols tombèrent aux mains des troupes françaises.

Le 1er août 1830, une ordonnance de Louis-

Philippe d'Orléans fait reprendre à la nation le drapeau tricolore.

2 Août 1630. — Au combat de Veillane, le régiment de Picardie, un des vieux corps de l'armée française, s'empare de 17 drapeaux ou étendards. Un autre régiment, celui des Gardes, à la même affaire, prend 19 trophées, parmi lesquels les insignes du régiment de Galles.

3 Août 1644. — Clisson, enseigne de la compagnie colonelle, du régiment de Bourbon (56ᵉ de ligne), à l'attaque de Fribourg, vient audacieusement planter le drapeau sur le parapet d'une redoute et tombe mort, frappé par une balle ennemie.

L'année suivante, à Norlingen, Bussolini, officier au régiment Mazarin, se précipite sur l'ennemi, le drapeau à la main, avec 60 hommes de bonne volonté. Tous sont tués; seul il rejoint son corps, grièvement blessé.

Le 3 août 1692, le régiment de Champagne contribue à la destruction des gardes anglaises, à la bataille de Steinkerque, et leur enlève un drapeau.

4 Août 1796. — Lonato capitule. On trouve dans cette place trois drapeaux autrichiens.

5 Août 1796. — Antoine Simonin, né à Mendres, dans les Vosges, s'empare d'un des drapeaux ennemis à la bataille de Castiglione.

6 Août 1800. — Décret du premier consul qui supprime le singulier usage, adopté par la marine française, de placer renversé sous la poulaine, le pavillon des puissances avec lesquelles la République était en guerre.

7 Août 1652. — A l'attaque du faubourg d'Etampes, le régiment de Turenne se porte au secours du régiment de la Marine, repoussé à l'assaut de la

demi-lune de la porte d'Orléans. Les soldats de Turenne, ayant à leur tête leurs capitaines, qui ont voulu porter eux-mêmes les drapeaux du corps, franchissent la contrescarpe éboulée, et les drapeaux sont plantés sur le parapet. Trois officiers sont tués ; mais cette action, faite en présence de toute l'armée, est estimée un des plus beaux faits d'armes que l'on ait encore vus.

8 Août 1809. — Une des divisions du corps de Mortier, commandée par le général Girard, s'empare d'un drapeau à l'affaire de l'Arzobispo.

9 Août 1797. — Bonaparte écrit de Milan au Directoire exécutif : « Je vous ai annoncé, après la bataille de Rivoli, vingt et un drapeaux, et je ne vous en ai envoyé que quinze ou seize. Je vous envoie, par le général Bernadotte, les autres qui avaient été laissés par mégarde à Peschiera. » Ces drapeaux sont présentés au Directoire le 27 de ce même mois d'août, par Bernadotte.

10 Août 1811. — Combat de Las Vertientes. Les troupes du général Soult(frère du maréchal), prennent un drapeau et un guidon aux Anglo-Portugais.

11 Août 1674. — A la bataille de Senef, d'après une relation écrite par le prince de Condé, 107 drapeaux ou étendards sont pris à l'ennemi.

Le 11 août 1809, le général Sébastiani, dans un brillant combat sur les hauteurs d'Almonacida, enlève 3 drapeaux aux Espagnols, et quarante-deux ans plus tard, le 11 août 1851, aux obsèques de ce même général, devenu maréchal, le feu prend aux tentures du maître-autel, à l'église des Invalides, gagne les trophées appendus à la voûte, en détruit complétement 56 (ainsi que le parasol de l'empereur du Maroc, pris à Isly), et en détériore 55 autres.

12 Août 1809. — Tartre, soldat au 59⁰ de ligne, enlève un drapeau à l'ennemi, au combat du col de Banos.

13 Août 1704. — A la bataille d'Hochstedt, le sergent de grenadiers Labussière, du régiment Royal (23⁰ de ligne), arrache des mains de l'ennemi et détruit le drapeau de son corps. Le régiment demande pour lui une sous-lieutenance et lui fait une pension de cent livres.

— A la même bataille le régiment de Navarre, forcé de capituler, détruit ses drapeaux.

Le 13 août 1793, les vieilles enseignes de l'armée française sont brûlées en place de Grève par arrêté du gouvernement.

Le 13 août 1794, à la bataille de Saint-Laurent-de-la-Mouga, le 1ᵉʳ de hussards enlève deux drapeaux aux Espagnols.

14 Août 1702. — A la bataille de Luzzara, le colonel comte d'Estrades enlève un étendard à l'ennemi.

Le 14 août 1799, au combat de Schweitz, 2,500 Austro-Suisses sont défaits près de cette ville par le général Boivin qui leur enlève un drapeau.

Le 14 août 1844, l'armée française, aux ordres du général Bugeaud, gagne la bataille d'Isly, sur les frontières du Maroc, et enlève 24 trophées, dont le parasol, signe du commandement de l'empereur marocain. Sur les 24 trophées pris à Isly, 18 existent encore ; les autres, y compris le parasol, ont été détruits par l'incendie du 11 août 1851. L'un des drapeaux enlevés aux Marocains avait été pris par le cavalier Darquet, du 4ᵉ de chasseurs d'Afrique, qui ne s'en empara qu'au prix de la mutilation de son bras droit. Darquet reçut la croix pour ce fait d'armes.

Le 14 août 1849, l'Hôtel des Invalides reçoit une vaste tente arabe ayant appartenu au bey Achmet, de Constantine.

15 Août 1799. — Après la bataille de Novi, l'ennemi fait une attaque terrible près du village de Pasturana. Les généraux Perignon et Grouchy essaient de rallier les troupes en désordre. Grouchy, un drapeau à la main, se précipite au plus fort de la mêlée. Son drapeau lui est arraché; il tombe couvert de blessures, se relève, met son chapeau à la pointe de son sabre; mais entouré, blessé de nouveau, il est fait prisonnier.

Un décret du 15 août 1809, institue un ordre des *Trois-Toisons d'or*. L'article 6 de ce décret porte : « Les aigles des régiments qui ont assisté aux grandes batailles de la Grande-Armée, seront décorées de l'ordre des Trois-Toisons d'or. » On ne donna pas suite à ce projet.

Le 15 août 1852, distribution des aigles à la garde nationale, aux Champs-Elysées.

16 Août 1705. — Le duc de Vendôme, resté maître du champ de bataille de Cassano, force le prince Eugène à la retraite et lui enlève 7 drapeaux et 2 étendards.

Le 16 août 1844, l'escadre française, aux ordres du prince de Joinville, s'empare de Mogador et prend 6 drapeaux. Ces trophées sont portés aux Invalides le 2 septembre suivant, par le colonel Dumas, aide de camp du roi, et par le capitaine de corvette Bouet-Williaumez. Cinq existent encore; le sixième a été brûlé par l'incendie du 11 août 1851.

Le 16 août 1855, bataille de la Tchernaïa (Crimée). Parmi les militaires récompensés par le décret du 19 septembre 1855, pour leur belle conduite dans cette bataille, on remarque comme décorés de la Légion d'honneur :

Gobin, sous-lieutenant, porte-drapeau au 97e de ligne, a eu la poitrine traversée d'une balle. — Broyer, sergent au 19e bataillon de chasseurs à pied, d'une bravoure au-dessus de tout éloge, a enlevé un fanion au milieu des Russes ; était déjà décoré de la médaille militaire. — Bosc, sous-lieutenant porte-drapeau du 2e zouaves; a fait preuve de la plus grande bravoure le 16 août; a reçu une balle en pleine poitrine. Ont reçu la médaille militaire : Gagnepain, caporal au 73e de ligne. Blessé à côté de son drapeau. — Gaume, chasseur au 19e bataillon. A montré le plus grand élan. A enlevé un fanion, — Blondel, caporal au 2e de zouaves; s'est tenu constamment près du drapeau pour le défendre. — Morel, caporal au même régiment, est resté constamment près du drapeau pour le défendre, sous un feu très-vif et très-meurtrier. — Ménard, sapeur au même corps; s'est tenu en brave soldat, près du drapeau, à l'affaire du 16 août.

17 Août 1810. — Le capitaine d'état-major de Galbois, mort général de division, envoyé en mission auprès du maréchal Suchet, pendant le combat de Tortose et accompagné de cent hussards, est attaqué par trois cents cavaliers espagnols. Galbois se lance aussitôt contre l'ennemi, à la tête de son escorte, s'empare lui-même de l'étendard de ses adversaires et poursuit ces derniers jusque sur l'emplacement qu'il a ordre de reconnaître. Le capitaine de Galbois est mis à

l'ordre de l'armée pour cette action d'éclat.

18 Août 1796. — Coisy (Jean-François), né le 1er décembre 1760, à Bagneux (Seine), lieutenant au 6e de hussards, employé à l'armée de l'ouest, surprend le quartier général des insurgés et s'empare d'un drapeau et d'un étendard.

Le 18 Août 1836, sept drapeaux pris au combat de la Sikak, sur Abd-el-Kader, et trois lambeaux d'étoffes sans hampes, sont reçus aux Invalides. Un seul de ces trophées existe encore; les autres ont été détruits lors de l'incendie du 11 août 1851.

19 Août 1866. — Le maréchal comte Regnaud de Saint-Jean d'Angély, commandant en chef la garde impériale, remet au régiment de carabiniers de cette garde, au camp de Châlons, son nouvel étendard.

Le 19 août 1812, le lieutenant Benoît Champmontant enlève un drapeau aux Russes à la bataille de Valoutina. Cette action d'éclat le fit citer particulièrement par le général Bertrand dans son rapport.

Benoît Champmontant, né le 27 septembre 1788, était soldat en 1805, lieutenant en 1809, capitaine en 1814. Il avait 31 ans de services lorsqu'il fut nommé chef d'escadron. Lieutenant-colonel en 1840, colonel en 1845, cet officier supérieur mourut dans le mois d'avril 1864.

20 Août 1648. — Le grand Condé remporte à Lens une de ses plus belles victoires et s'empare de 120 trophées, drapeaux ou étendards. Ces trophées portés à Paris, à l'église Notre-Dame, le 26 août, sont reçus en grande pompe. C'est pendant cette cérémonie que les principaux membres du Parlement sont arrêtés, ce qui commence les journées de la Fronde.

Le 21 août 1799, les troupes françaises enlèvent trois drapeaux aux troupes du prince Rocca-Romana, au combat de Frascati dans les Etats-Romains.

21 Août 1814. — On a trouvé dans des archives la curieuse lettre suivante, signée L. Rousseau : « Je soussigné, curé de la paroisse Notre-Dame de Versailles, déclare avoir reçu de M. Chrétien, chevalier de Saint-Louis, un drapeau portant les armes de France, et ayant pour légende : *Volontaires royaux, ville de Versailles*, pour être, à titre de don, placé dans l'église de Versailles. »

22 Août 1742. — Le régiment du Roi (105e), chargé de la garde des ponts sur la Moldaw, sous le canon de Prague, fait une sortie contre les tranchées autrichiennes. Un boulet de canon coupe la hampe du drapeau que porte le comte *de Chapt de Rastignac*. Ce dernier continue à marcher avec son insigne, mais les soldats ne le voyant plus flotter, le croient au pouvoir de l'ennemi, se jettent avec fureur sur les tranchées, et tuent ou dispersent les Hongrois qui les défendent.

23 Août 1328. — Philippe de Valois arrive devant Cassel. Sur les murailles flotte un drapeau ayant pour emblème un coq, et dessous, ces mots écrits en gros caractères :

> Quand ce coq chantera
> Le roi, Cassel conquêtera.

Le coq ne chanta pas, mais Philippe *conquêta* Cassel et le drapeau devint un des trophées de la victoire.

Le 23 août 1813, près de Berlin, nos soldats mêlés avec les Prussiens, combattaient corps à corps ; dans un moment de confusion, l'aigle du

132ᵉ de ligne disparaît. Le colonel *Tridoulat* la croyant tombée entre les mains des ennemis se jette au plus fort de la mêlée pour y trouver la mort. Son cheval tombe renversé par un boulet, ses habits sont criblés de balles, et lui-même est grièvement blessé d'un coup de feu dans les reins ; mais dans son noble désespoir il demeure insensible à tout ce qui se passe autour de lui. Cependant l'aigle n'était point perdue ; le commandant Branchon l'avait sauvée, et, après le combat, il remit lui-même entre les mains du brave colonel l'enseigne du régiment.

24 Août 1796. — Moreau livre le combat de Friedberg, dans lequel ses troupes prennent 2 drapeaux.

25 Août 1654. — Lors du siége de Stenay, le capitaine Fisicat, du régiment de Turenne, saisissant le drapeau de sa compagnie, court, suivi de quelques soldats, vers le dernier retranchement, et plante son enseigne sur le parapet, en criant : « Vive Turenne ! » Cet acte d'intrépidité enhardit les bataillons français, en même temps qu'il intimide l'ennemi, et les lignes sont emportées.

Le 25 août 1794, le fort l'Ecluse tombe aux mains de l'armée française ; 8 drapeaux sont pris. De ce nombre, deux sont enlevés par un détachement d'éclaireurs commandé par Vergès, mort en 1831 général de brigade et comte de l'Empire.

26 Août 1709. — A la bataille de Rumesheim un soldat, du régiment de Tessé (Flandre-Infanterie), nommé Château, prit une paire de timbales, et trois de ses camarades enlevèrent chacun un drapeau.

Le succès de la journée de Rumesheim fut la prise de 20 drapeaux et étendards, etc.

27 Août 1797. — Présentation au Directoire par Bernadotte des drapeaux pris par l'armée d'Italie

Le 27 août 1798, dans l'expédition d'Irlande, le général Humbert livre le combat de Castleban et ses troupes prennent 5 drapeaux anglais.

Le 27 août 1813, 18 drapeaux sont enlevés par l'armée française pendant la bataille de Dresde.

28 Août 1667. — A la prise de Lille, le prince de Ligne et le comte de Marchin s'étaient avancés pour secourir cette place. Le roi les attaqua, leur fit 1,500 prisonniers, leur prit cinq étendards et cinq paires de timbales (1).

Le 28 août 1810, 6 drapeaux tombent au pouvoir des troupes après la prise d'Alméida.

29 Août 1762. — Deux drapeaux sont pris à l'ennemi au combat de Friedberg.

30 Août 1671. — La compagnie du capitaine de Querville, du régiment Dauphin (38ᵉ d'infanterie), enlève 3 drapeaux au siége de Grave.

Le 30 août 1830, le roi Louis-Philippe distribue des drapeaux tricolores à la garde nationale.

31 Août 1790. — Pendant la malheureuse insurrection de Nancy, un jeune officier du régiment du roi, M. de Bouthillier, âgé de dix-sept ans, tombe sous les coups d'un assassin. L'ordre est donné de le porter à l'hôpital : « Non! s'écrie-t-il, si j'en dois mourir, portez-moi sous les drapeaux du régiment. »

---

(1) *Timbale* désigne un tambour à une peau en forme de chaudron. Les régiments qui s'en emparaient avaient l'autorisation spéciale de les conserver en souvenir de leur victoire ; de là vint l'usage de regarder les timbales comme des insignes qu'il était déshonorant de se laisser enlever dans un combat, — On n'était pas moins sensible à leur perte qu'à celle de l'étendard.

## SEPTEMBRE

**1er Septembre 1840.** — Au combat de Medzerga, en avant de Sétif, une charge vigoureuse, conduite par le colonel de Bourgon, du 4e de chasseurs d'Afrique, pénétra dans un bataillon carré d'irréguliers de l'émir. Le colonel cria à ses soldats : « *Au drapeau !...* » Ce cri stimula encore l'ardeur de ses chasseurs ; en un instant, le porte-drapeau fut tué et son insigne enlevé par le maréchal des logis Tellier, du 4e chasseurs. Dans cette belle affaire, on eut malheureusement à regretter la mort du brave chef d'escadron de Lesparda, tué en chargeant avec la plus grande intrépidité.

2 Septembre 1844. — Le colonel Dumas, aide de camp du roi, apporte à l'hôtel des Invalides six drapeaux conquis à Mogador par les marins de l'escadre du prince de Joinville. 5 existent encore, le 6e a été détruit dans l'incendie du 11 août 1851.

3 Septembre 1864. — 5 drapeaux et 13 fanions mexicains, pris pendant le siége de Puebla, sont déposés aux Invalides pour être réunis aux 8 trophées apportés l'année précédente par le capitaine Galliffet.

4 Septembre 1796. — A la bataille de Rovereüo, le lieutenant Bohn, du 1er hussards, s'empare, avec son escadron, de 16 bouches à feu, de 30 voitures, de 7 drapeaux et fait mettre bas les armes à 500 hommes. Il est nommé capitaine sur le champ de bataille. Devenu colonel du 7e hussards,

il est tué le 14 juin 1809, devant Raab, en chargeant à la tête de son régiment.

Le maréchal des logis Niedest et le cavalier Grasse enlèvent chacun un drapeau à l'affaire de Roveredo; Cambon, de la 32e, enlève également un drapeau. Déjà le 15 avril précédent, il en avait pris un à Dégo.

5 Septembre 1796. — La division Vaubois opère le passage du Lavis et s'empare de l'étendard des hussards de Wurmser.

Le 5 Septembre 1813, le corps du maréchal Ney enlève 3 drapeaux au combat de la Seyda.

6 Septembre 1796. — Prise du fort de Cavolo, par la division Augereau (armée d'Italie). On prit 8 drapeaux à l'ennemi. Parmi les militaires cités comme ayant enlevé ces trophées, on remarque le trompette Rousseau, du 10e de chasseurs à cheval. Deux jours auparavant, le brave Rousseau s'était déjà signalé à la bataille de Trente, en faisant un général autrichien prisonnier à la tête de ses troupes.

Rousseau (René), né dans le département de la Charente, reçut une trompette d'honneur, et la croix de légionnaire à la création de l'Ordre.

Le 6 septembre 1796, trois drapeaux sont pris au combat de Luau.

7 Septembre 1814. — Distribution des drapeaux par le roi Louis XVIII, à la garde nationale au Champ-de-Mars. Chaque chef de Légion après avoir reçu son drapeau de la main du roi, se place devant Madame, met le genou en terre, et présente le fer de la lance auquel la princesse attache une cravate.

Le 7 septembre 1796, au combat de Primolano, le 5e régiment de dragons remet, entre les mains du général en chef, 7 drapeaux et 1 guidon qu'il avait arrachés à l'ennemi. Le général Bonaparte cite dans son rapport les nommés Groussel et Lajoux du 1er bataillon de la 4e demi-brigade comme ayant pris chacun un drapeau.

Groussel (François-Antoine-César), né le 6 mars 1792, à Richemont (Aisne), parvint au grade d'adjudant-major. Il reçut un sabre d'honneur en 1800 et fut compris dans les légionnaires de droit.

7 Septembre 1855. — A la suite de l'assaut de Sébastopol, de nombreuses récompenses furent accordées aux officiers, sous-officiers et soldats qui s'étaient distingués dans ces affaires glorieuses. — Là, encore, bien des dévouements eurent lieu pour montrer notre drapeau haut et fier. Furent nommés chevaliers de la Légion d'honneur (décret du 31 octobre 1855) :

Dehaye, sous-lieutenant porte-aigle du 20e de ligne. A constamment tenu le drapeau au premier rang et a été blessé ;

Guillot, sergent au même régiment. Blessé en défendant énergiquement le drapeau ;

Jasserand, sous-lieutenant porte-aigle au 27e de ligne. S'est porté en avant avec le drapeau et a été blessé ;

Giraudon, sous-lieutenant porte-drapeau au 86e de ligne. Monté l'un des premiers sur les retranchements, il y a planté son drapeau. Blessé dans cette action ;

Le sous-lieutenant Rives porte-aigle du 100e de ligne s'est intrépidement élancé pour planter son drapeau sur les retranchements et a reçu une blessure ;

Grimal, lieutenant au 19e de ligne. A planté le

drapeau sur un épaulement et a entraîné ses soldats ;

Duval, capitaine au 9e de chasseurs. S'est élancé en tête de sa compagnie et a fait flotter son fanion dans une batterie russe ;

Ozenfant, sous-lieutenant porte-drapeau au 1er zouaves. Blessé en plantant le drapeau sur la tranchée ;

Desmares, sous-lieutenant porte-drapeau au 7e de ligne. A montré le chemin aux plus braves ;

Müler, sous-lieutenant porte-drapeau au 18e de ligne. Blessé en défendant son aigle.

Par le même décret, la médaille fut conférée aux militaires dont les noms suivent :

Lalo, caporal au 10e de ligne. Est arrivé le premier dans le *Petit Redan*. A planté le fanion qui tombait des mains de son sergent-major, tué à ses côtés ;

Le sergent Rose, du 1er bataillon de chasseurs à pied. Est arrivé l'un des premiers sur la Courtine, où il a planté le fanion du bataillon ;

Olivier, chasseur au 17e bataillon. Arrivé le premier à la deuxième enceinte de la batterie russe, il y a planté le fanion ;

Lihaut, caporal au 1er de zouaves. A planté le fanion de la division sur le parapet.

8 Septembre 1793. — Le camp espagnol de Peyrestorte est enlevé par l'armée française, qui s'empare de 7 drapeaux.

Le même jour, dans le Nord, a lieu la bataille de Hondscoote. Au milieu de l'affaire, un cavalier du 6e régiment nommé Mandement, voyant un groupe de soldats ennemis, au milieu duquel flotte un drapeau, et dont il est séparé par une haie, fait franchir la haie à son cheval, tombe à coups de sabre sur le groupe, se fait jour jusqu'au drapeau qu'il enlève, et avec lequel il revient triomphant.

Le 8 septembre 1796, 5 drapeaux autrichiens sont enlevés au combat de Bassano.

Le 8 septembre 1855, à l'attaque de Sébastopol, le drapeau du 91ᵉ de ligne (colonel, aujourd'hui général Picard) est un instant enseveli sous les décombres du magasin à poudre de la batterie russe de la Poterne ; bientôt le régiment qui a vu disparaître son glorieux insigne, l'aperçoit entre les mains crispées du brave officier auquel il a été confié et qui, même en mourant, n'a pas voulu le laisser échapper. Ce trait est reproduit dans deux tableaux, qui ont été exposés au Salon de 1863.

A cette même journée mémorable, si glorieuse pour la France, le commandant Cornulier de Lucinière, des chasseurs de la garde, suivi de quelques officiers et soldats, arrive sur le Petit-Redan. La mitraille et la fusillade arrêtent un instant la colonne. Le commandant de Lucinière veut immédiatement, sous les yeux des Russes, prendre possession de cet important ouvrage. La ceinture bleue du caporal Joubert, un mouchoir blanc fourni par le lieutenant Lagranie, et un lambeau de foulard rouge, sont attachés à la grenadière d'une carabine, aussitôt fichée dans le sol. Quelques minutes après l'aigle des chasseurs arrive avec le gros du bataillon ; mais le commandant de Lucinière est tombé mort au pied du drapeau qu'il a improvisé pour servir de guide à ses braves chasseurs.

Les chefs de bataillon qui se sont succédé au commandement des chasseurs de la garde, ont conservé précieusement la carabine et les glorieux lambeaux criblés par la mitraille.

**9 Septembre 1796.** — Augereau écrit au général Bonaparte : « Je sollicite le grade de général de brigade pour le chef de brigade Lannes qui, à l'armée d'Italie, comme à celle des Pyrénées-Orientales, n'a cessé de donner les preuves les plus éclatantes de bravoure, et qui, dans la dernière bataille (Bassano), a enlevé 2 drapeaux à l'ennemi. »

**10 Septembre 1794.** — 2 drapeaux ennemis, pris par l'armée du Nord, sont présentés à la Convention nationale.

**11 Septembre 1709.** — A la bataille de Malplaquet, les régiments Royal et Navarre pénètrent jusqu'au milieu des batteries ennemies, s'emparent de 12 canons et rentrent sur la ligne de bataille avec 11 drapeaux anglais ou hollandais; le régiment de Champagne (8e d'infanterie), a la gloire d'arborer sur son front de bandière 9 drapeaux qu'il a pris; le régiment Bourbonnais (13e d'infanterie) en prend 5 ; le régiment de Charost (Dauphiné et 38e d'infanterie), en enlève deux aux Anglais.

**12 Septembre 1708.** — Le régiment du Perche (47e de ligne), fait mettre bas les armes à un corps de 4,600 hommes campés à Hondscoote ; 12 drapeaux et 6 étendards tombent entre les mains de ce régiment.

**13 Septembre 1630.** — Montmency, à la tête des gendarmes du Roi, se jette, au combat d'Avigliano, sur un corps de 9,000 ennemis, parvient à le battre et à s'emparer de 19 drapeaux.

**14 Septembre 1814.** — Bénédiction et distribution des drapeaux aux troupes en garnison à Paris, réunies au Champ-de-Mars.

15 Septembre 1802. — Le cavalier Bolban, du 10e de chasseurs, reçoit un mousqueton d'honneur du premier consul, pour avoir sauvé, dans un combat de cavalerie, l'étendard de son régiment.

Caillet (Antoine), brigadier au 18e de dragons, et Champagnol, caporal à la 6e demi-brigade de ligne, reçoivent également des armes d'honneur, pour avoir enlevé chacun un drapeau à l'ennemi.

16 Septembre 1830. — 71 drapeaux ou étendards et 5 trophées, conquis lors de la prise d'Alger, sont reçus avec pompe à l'Hôtel des Invalides par le maréchal Jourdan (les 5 trophées ont été détruits, mais les 71 drapeaux existent encore).

17 Septembre 1794. — A la bataille de Sprimont (armée de Sambre-et-Meuse), le chef de brigade Dumoulin de la 162e de ligne, marchait en bataille et malgré un feu croisé avait réussi à passer le village et la rivière d'Avoile. Mais au moment de franchir une colline, les soldats témoignent de l'hésitation ; Dumoulin fit battre la charge, saisit le drapeau du 1er bataillon, parvint le premier au sommet, et bientôt fut suivi de sa troupe qui en chassa l'ennemi. Dumoulin mourut général de brigade, le 11 septembre 1809.

Dans cette même affaire, Pajol, aide de camp de Kléber, y est blessé d'un coup de baïonnette à la main gauche, ce qui ne l'empêche pas d'enlever un drapeau.

Le 12 novembre suivant, en récompense de sa bravoure et de ses services, il remet à la Convention la dépêche officielle annonçant la prise de

Maëstricht, et déploie 36 drapeaux conquis sur l'ennemi pendant la campagne de 1794.

18 Septembre 1691. — Vingt-huit escadrons commandés par le maréchal de Luxembourg, et la plus grande partie de la Maison du roi, en culbutent soixante-quinze de l'armée de Guillaume d'Orange, et leur prennent 40 étendards. A la suite de ce combat glorieux, les grenadiers à cheval reçoivent un étendard sur lequel le roi fait broder cette devise : *Undique terror undique lethum*.

Le 18 septembre 1794, au combat de la montagne de la Chartreuse, livré par Jourdan aux Autrichiens, on prend 5 drapeaux.

19 Septembre 1356. — A la fin de la funeste journée de Poitiers, le roi parvint à rallier quelques-uns de ses hommes d'armes autour de la bannière de France. Geoffroy de Charny, qui la porte, tombe blessé à mort sans abandonner son insigne. Une hache à la main, et ayant à ses côtés son jeune fils Philippe, le roi renverse pendant longtemps ceux qui veulent s'emparer du trophée. Mais entouré d'une masse d'ennemis, accablé par le nombre, il est fait prisonnier et conduit au prince de Galles.

Le 19 septembre 1799, bataille de Berghen, livrée aux Anglo-Russes, auxquels on enlève 5 drapeaux, dont un fut pris par le chef de bataillon Chauvel, de la 49ᵉ de ligne.

Ce brave officier parvint jusqu'au titre de général de brigade, fut baron de l'Empire et commandeur de la Légion d'honneur.

Chauvel qui avait assisté à 120 batailles et combats, mourut le 17 juin 1838 à Darvoy (Loiret).

Le 19 septembre 1855, décret qui nomme chevalier de la Légion d'honneur le sergent *Broyer* du 19ᵉ bataillon de chasseurs à pied. « D'une bravoure au-dessus de tout éloge, a enlevé un fanion au milieu des Russes. Était déjà décoré de la médaille militaire. »

*Le même jour*, un décret confère la médaille militaire :

Au caporal *Gagnepain*, du 73ᵉ de ligne, blessé en défendant le drapeau ;

— Au chasseur *Gaume*, du 19ᵉ bataillon, pour avoir enlevé un fanion ;

— Au caporal *Blondel*, du 2ᵉ de zouaves, pour sa conduite en défendant le drapeau ;

— Au caporal *Morel*, du même régiment. Est resté constamment près du drapeau pour le défendre, sous un feu très-vif et très-meurtrier.

Le 19 septembre 1862, le capitaine d'état-major Hubert-Castex, revenant du Mexique, présente à l'empereur, à Biarritz, les premiers drapeaux conquis par le corps expéditionnaire.

20 Septembre 1798. — Le général Vial, à la tête d'une colonne mobile, s'empare du village de Choarah. Le grenadier *Joussoux*, de la 25ᵉ demi-brigade de ligne ; le dragon *Panpeno*, du 18ᵉ régiment ; le sergent *Lefort*, de la 13ᵉ demi-brigade, s'emparent chacun d'un drapeau (armée d'Égypte).

Le 20 septembre 1854, à la bataille de l'Alma, le colonel Cler, du 2ᵉ de zouaves (mort général de brigade à Magenta), arrive, le premier de son régiment, au pied de la tour du télégraphe, saisit l'aigle et l'arbore sur l'échafaudage, au cri de *Vive l'Empereur*. Le sergent-major *Fleury*, du 1ᵉʳ de zouaves, qui a pu atteindre les échafaudages supérieurs et soutenir le drapeau de son régiment, tombe, frappé à la tête par une balle. La hampe du drapeau du 1er de zouaves est brisée par un éclat d'obus. Le lieutenant Poitevin, porte-drapeau du 39e de ligne, arrive pour placer l'aigle du régiment à côté de celle des zouaves, mais un boulet atteint en pleine poitrine ce brave officier.

21 septembre 1794. — Au combat de Cairo, le fourrier Touset (Charles), de la 109e demi-brigade de ligne, né dans le département de l'Indre, reprend, au milieu des rangs ennemis, le drapeau de son corps, en tuant celui qui l'a enlevé. Ce brave sous-officier est tué le 1er mai 1799, après s'être emparé, avec deux de ses camarades, de l'état-major du régiment autrichien Orange.

Le 21 Septembre 1864, au combat de Cerro de Majoma (Mexique), nos troupes s'emparent de 4 fanions.

22 Septembre 1798. — Le drapeau français est arboré avec une grande solennité sur la plus haute des pyramides d'Égypte et sur la colonne de Pompée, pour la fête de la fondation de la République.

23 Septembre 1793. — Le lieutenant Donnadieu, du 8e de hussards, est admis à présenter à la Convention nationale un drapeau qu'il a enlevé aux Prussiens.

24 Septembre 1803. — Le maréchal des logis Capelligny, du 9e chasseurs à cheval, reçoit un sabre d'honneur, et plus tard la croix, pour avoir enlevé un drapeau à l'ennemi.

25 Septembre 1799. — Un drapeau est enlevé pendant le combat du pont de Grynan, sur la Lintz.

Le même jour, quinze drapeaux ou étendards russes sont enlevés pendant la bataille de Zurich. L'un de ces trophées est pris par le maréchal des logis Steffen (Henri), du 17º de dragons, né à Colembourg (Meuse), qui, en le défendant ensuite contre 50 ennemis qui veulent le reconquérir, reçoit douze coups de lance. Un autre est pris, au milieu d'un bataillon russe, par le lieutenant Cochelet (Jean-Noël), de la 102º demi-brigade, qui est nommé capitaine sur le champ de bataille.

26 Septembre 1799. — Le commandant Godinot, chef de la 25º légère (armée du Danube), s'empare de Vese, fait 600 hommes prisonniers, prend un drapeau, 8 canons et 20 caissons.

27 Septembre 1799. — La division Soult soutient un beau combat à Benken et enlève un drapeau à l'ennemi.

28 Septembre 1803. — Le général Mortier fait parvenir à Paris 19 drapeaux et 16 étendards français de diverses époques, trouvés dans la salle d'armes de Hanovre.

Berthier fait au premier consul un rapport qu'il termine en proposant de suspendre ces drapeaux dans l'église des Invalides, avec cette inscription :

...*Signa nostris restituit sacris direpta Parthorum superbis postibus.*

29 Septembre 1844. — 23 drapeaux pris à la bataille d'Isly et le parasol, signe de commandement de l'empereur du Maroc, sont portés en grande pompe à l'hôtel des Invalides. 18 de ces trophées existent encore ; 5 ont été brûlés le 11 août 1851, ainsi que le parasol qui était en soie rouge et richement brodé or et argent

30 Septembre 1792. — Au combat de Spire, 5 drapeaux sont conquis dans cette brillante journée. Ils furent présentés à la Convention par

l'adjudant général Champeaux (5 octobre), aide de camp de Custine, et accueillis à la barre.

Le 30 septembre 1799, les 5 drapeaux pris à Berghen sont présentés au Directoire exécutif, de la part du général Brune, par le chef de brigade Clément. Trois de ces drapeaux sont envoyés, quelques jours plus tard, par le Directoire, au gouvernement de la République Batave.

Le 30 septembre 1806, au combat de Castel-Nuovo (Dalmatie), livré par Marmont contre les Russes, on enlève 1 drapeau.

## OCTOBRE

**1ᵉʳ Octobre 1799.** — Au siége d'Ancône, le lieutenant Delage (Simon), de la 16ᵉ *demi-brigade légère*, s'empara d'une redoute défendue par les Turco-Russes, fit enclouer 2 mortiers et 5 pièces de canon et prit 5 drapeaux. Le brave Delage reçut le grade de capitaine pour ce beau fait d'armes, obtint un sabre d'honneur et plus tard la décoration de la Légion d'honneur.

Lecouturier, capitaine *à la 16ᵉ demi-brigade d'infanterie légère*, s'empare sous les murs d'Ancône, à la tête de 250 hommes, d'une redoute défendue par 500 Autrichiens, encloue 9 pièces de canon et prend 1 drapeau. Lecouturier parvint jusqu'au grade de maréchal de camp. Il mourut à Paris, le 10 mars 1830.

2 Octobre 1796. — Bataille de Biberach. Deux drapeaux sont pris aux Autrichiens.

Le 2 octobre 1807, les drapeaux français reconquis en Hanovre sont portés à l'Hôtel des Invalides. Ils sont reçus par les vétérans en grande tenue et sous les armes. Tous ces braves soldats revirent avec joie ces trophées, pour la défense desquels plusieurs d'entre eux avaient autrefois vaillamment combattu.

2 Octobre 1832. — Au combat de Bouffarick (Algérie), le chef d'escadron Marey-Monge, à la tête de 300 chasseurs d'Afrique, enlève le drapeau de la ville de Blidah; et, avec le sous-lieutenant de Gomincourt, celui de Milianah. Ces drapeaux sont encore aujourd'hui aux Invalides.

3 Octobre 1799. — Une loi prescrit qu'à la paix les drapeaux des armées qui auront bien mérité de la patrie, seront portés au Panthéon.

4 Octobre 1693. — Le soir de la bataille de La Marsaille, Catinat, cédant à un impérieux besoin de repos, s'endort sur le champ de bataille même; ses soldats lui forment une tente avec les drapeaux enlevés à l'ennemi pendant cette glorieuse journée.

Les Piémontais nous avaient laissé 110 drapeaux ou étendards.

Le 4 octobre 1796, Marmont est reçu solennellement par le Directoire exécutif, à qui il remet en ces termes les trophées de l'armée d'Italie :

« Les vingt-deux drapeaux que j'ai l'honneur de vous présenter, sont les témoignages éclatants des succès de l'armée d'Italie. Ils ont été pris en quatorze jours, aux combats de Serravalle, de Lavis, des gorges de la Brenta, et aux batailles de Roveredo, de Bassano et de Saint-Georges.

« J'ai l'honneur de vous présenter aussi deux drapeaux pris sur les troupes romaines. »

5 Octobre 1799. — A l'affaire de Muttenthal, Masséna est jeté à bas de son cheval. Afin que sa

chute n'arrête pas ses troupes, il saisit un drapeau et, à la tête d'un bataillon, se précipite sur l'ennemi.

6 Octobre 1792. — Un décret ordonne que les drapeaux pris à l'ennemi seront suspendus à la voûte de la salle des séances de la Convention.

Le même jour, le général Champeaux, aide de camp de Custine, présente à la Convention 5 drapeaux enlevés aux Autrichiens.

7 Octobre 1798. — Le général Bonaparte envoie son frère Louis présenter au Directoire les drapeaux et étendards pris aux Turcs et aux Mamelucks.

Le 7 octobre 1799, au combat du pont de Busingen, au-dessous de Schaffhouse, 5 drapeaux sont pris à l'ennemi.

8 Octobre 1799. — A la prise de Constance, le chef d'escadron Renaud, à la tête de deux compagnies de la 53e demi-brigade, poursuit l'ennemi jusqu'au pont sur le Rhin et lui enlève un drapeau.

Le 8 octobre 1805, le soir du combat de Wertingen, le chef d'escadron Wuilliemey, suivi d'un seul dragon, se porte vers un détachement ennemi qui cherche un passage, fond sur l'officier porteur du drapeau, le lui arrache et fait mettre bas les armes à sa troupe.

Le chef d'escadron Exelmans fut chargé de présenter à l'empereur les drapeaux conquis à Wertingen. Cet officier venait d'avoir deux chevaux tués sous lui : « Je sais, lui dit Napoléon, qu'on ne peut être plus brave que vous; je vous fais officier de la Légion d'honneur. »

Ces trophées furent envoyés à la ville de Paris,

le 10 octobre suivant. Voici la lettre adressée par Napoléon à ce sujet :

« Messieurs les préfets et maires de notre bonne ville de Paris, nos troupes ayant, au combat de Wertingen, défait douze bataillons de grenadiers, l'élite de l'armée autrichienne, toute son artillerie étant restée en notre pouvoir, ainsi qu'un grand nombre de prisonniers et 8 drapeaux, nous avons résolu de faire présent des drapeaux à notre bonne ville de Paris, et de deux pièces de canon, pour rester à l'Hôtel-de-Ville, etc., etc. »

9 Octobre 1793. — A l'affaire de Mins, le porte-drapeau de la 108$^e$ demi-brigade tombe mort au milieu des rangs ennemis. Le sergent-major Duret (Jean-Nicolas), né à Nidange (Moselle) en janvier 1770, s'élance aussitôt, s'empare du drapeau et le rapporte en se faisant jour le sabre à la main. Bonaparte instruit plus tard de ce trait d'audace, fait donner à Duret un fusil d'honneur, et en 1803 lui accorde la décoration de la Légion d'honneur.

10 Octobre 1803. — Un décret du premier Consul décerne une arme d'honneur au sergent Chatelain, de la 24$^e$ demi-brigade, pour avoir enlevé un drapeau à l'ennemi.

11 Octobre 1746. — A la bataille de Rocoux, le grenadier Camutte, du régiment d'Auvergne (correspondant aujourd'hui aux 17$^e$, 18$^e$ de ligne), se jette au milieu des rangs ennemis qui défendent un ouvrage, et s'empare d'un drapeau. Le sergent Vauchoux, du même régiment, le seconde. Ils sont faits le premier officier, et le second porte-drapeau, par le prince de Soubise.

A la même bataille, le colonel Montmorin ralliant le régiment de l'Ile-de-France (39$^e$ de ligne), saisit un drapeau et court le planter sur le retranchement défendu par nos adversaires. Les soldats, enthousiasmés par cet exemple, le suivent et s'emparent des ouvrages. Les drapeaux pris à Rocoux sont envoyés aux Invalides par M. d'Argenson.

13 Octobre 1800. — Au siége de Pesaro, le capitaine Dulong, du 6ᵉ hussards, plus tard baron de l'Empire et général de brigade, s'empare, pendant une sortie, d'un drapeau autrichien.

Dulong de Rosnay fut nommé général de brigade, en 1813 ; il mourut à Paris, le 20 mai 1828.

14 Octobre 1805. — Clerget (Benoît), né le 17 septembre 1766 à Fleury (Côte-d'Or), capitaine au 10ᵉ chasseurs à cheval, enlève un drapeau à l'ennemi au combat d'Elchingen.

Le 14 octobre 1806, la bataille d'Iéna coûte aux Prussiens 60 drapeaux, parmi lesquels ceux donnés par le grand Frédéric à l'armée et celui des régiments des Gardes de la reine, ce dernier brodé par cette princesse. Dans cette journée, le maréchal des logis Humbert, du 2ᵉ de dragons, chargeant sur un bataillon d'infanterie, tue le porte-drapeau, s'empare de son insigne, et tombe lui-même atteint de trois balles. Le dragon *Fauveau*, du même régiment, saute à bas de son cheval, saisit à son tour le drapeau et le remet à son colonel, en disant modestement : « C'est le maréchal des logis Humbert qui l'a pris. » L'empereur décora immédiatement ce sous-officier.

15 Octobre 1760. — Dans le furieux combat qui eut lieu après la mort du brave d'Assas (nuit du 15 au 16 octobre 1760), le régiment d'Auvergne accourt au secours de ses grenadiers et malgré de

grandes pertes, enlève à l'ennemi un étendard et un canon.

16 Octobre 1799. — A l'affaire d'Heidelberg sous le général Ney, le 1ᵉʳ bataillon de la 65ᵉ avai reçu l'ordre de charger les Autrichiens sur le pont, et quelques conscrits intimidés compromettaient le succès par leur hésitation. L'adjudant sous-officier Leguy saisit le drapeau du bataillon, s'élance le premier sur le pont, ranime le courage de sa troupe, et du premier élan la conduit sur la rive opposée en chassant l'ennemi devant lui.

Leguy fut nommé sous-lieutenant à la suite de cette affaire et obtint, quelques années plus tard, la croix de la Légion d'honneur.

Le 16 octobre 1830, décision royale qui remet en vigueur : que l'hôtel des Invalides est l'établissement spécial destiné à recevoir et à conserver les trophées militaires conquis par les armées françaises (1).

17 Octobre 1794. — Deux drapeaux pris à l'affaire de Villanova, sont portés à la Convention par le capitaine Delort, plus tard général de divi-

---

(1) L'usage d'orner les voûtes des églises avec les drapeaux et les étendards conquis sur l'ennemi, remonte si loin, que l'on ne pourrait préciser exactement l'époque où cet usage a été adopté. Mais déjà au commencement du xviiᵉ siècle, la basilique de Notre-Dame fut affectée à recevoir les trophées de nos armées.

La Révolution ayant éclaté et les églises ayant été fermées, les trophées ennemis furent déposés un peu partout : à la Convention, dans les salles des séances du Directoire et au Panthéon, puis au Temple-de-Mars (Eglise des Invalides).

Mais, à part quelques circonstances particulières, on peut assurer que depuis 1794, c'est l'église des Invalides qui a hérité du glorieux dépôt des trophées conquis.

sion. Le même jour, le général Moncey, commandant l'armée des Pyrénées-Occidentales, pénètre dans la vallée de Roncevaux et s'empare de deux drapeaux.

Le 17 octobre 1806, quatre drapeaux prussiens sont pris au combat de Halle.

18 Octobre 1805. — Le Sénat reçoit quarante drapeaux pris à l'ennemi depuis le combat de Wertingen, et la Ville de Paris, ceux pris à Wertingen.

19 Octobre 1781. — Prise de York-Town (Amérique). Lors de la guerre d'Amérique, les troupes franco-américaines, sous le commandement de Rochambeau et de Lafayette, investissent York-Town, qui capitula le 19 octobre 1781. 22 drapeaux anglais furent déposés entre nos mains et le congrès américain les offrit au roi de France. Ces drapeaux furent apportés au roi par le comte de Forbach, colonel de Royal-Deux-Ponts, qui, lors de la prise de York-Town, avait pénétré le premier dans les retranchements anglais.

Louis XVI, en mémoire du siége de York, donna à Rochambeau, deux magnifiques tableaux, l'un représentant *le siége d'York*, et l'autre, *la garnison anglaise qui défile au milieu de l'armée franco-américaine.*

Le 19 octobre 1794, un drapeau est enlevé aux Anglo-Hollandais dans le combat sur le canal d'Oude-Watering.

20 Octobre 1587. — A la bataille de Coutras, Henri de Bourbon voyant faiblir un moment les troupes sous ses ordres, cherchait à ranimer leur ardeur par des prodiges de valeur : « A quartier, criait-il à ceux qui voulaient lui faire un rempart de leurs corps; à quartier, je vous prie, ne m'offusquez

pas, je veux que les ennemis me voient. » Il fit de sa main plusieurs prisonniers, et s'empara d'une cornette de gendarmerie.

Le 20 octobre 1805, la garnison d'Ulm défile devant l'armée française et dépose ses canons, ses armes et 40 drapeaux sur les glacis de la ville.

Le 20 octobre 1840, deux drapeaux sont enlevés pendant le combat de Selsous, près de Biskara (province de Constantine). Ces deux trophées sont apportés à l'Hôtel des Invalides.

21 Octobre 1805. — Au combat de Nuremberg, le lieutenant Desmichels, des chasseurs à cheval de la garde (plus tard général de division), surprend l'arrière-garde autrichienne, et, à la tête de 30 chasseurs, fait mettre bas les armes à 300 hommes d'infanterie. Il se jette ensuite sur un bataillon, lui enlève 400 hommes et deux drapeaux, met en fuite un pareil nombre de chasseurs de La Tour, qui venaient pour le charger, leur prend 50 hommes, et s'empare d'une caisse militaire et de 25 bouches à feu. Ce brillant fait d'armes lui vaut le brevet de capitaine et la décoration d'officier de la Légion d'honneur.

22 Octobre 1798. — Lors du siége du Caire, le chef de brigade Dupas, de la 69ᵉ de bataille, enlève aux Osmanlis 3 queues de Pacha, 5 drapeaux et des armes, trophées qui furent transportés à Paris, et suspendus à la voûte du temple de Mars (1).

Le 22 octobre 1805, entrée de la Garde impériale

---

(1) Pendant la Révolution, on donnait cette dénomination à l'Hôtel des Invalides.

à Augsbourg; les quatre-vingts premiers grenadiers portent chacun un drapeau pris à l'ennemi.

23 Octobre 1790. — Décret prescrivant que les drapeaux des régiments auront des cravates tricolores.

24 Octobre 1806. — Au combat d'Oranienburg, le capitaine Piré, du 7e de hussards (mort général de division), prend l'étendard prussien du régiment de dragons d'Anspach et Baireuth.

25 Octobre 1806. — Napoléon visite le caveau où reposent les cendres du grand Frédéric à Potsdam. Il s'empare de l'épée, de la ceinture et des ordres du héros prussien en disant : « J'aime mieux cela que vingt millions; j'enverrai ces trophées à mes vieux soldats des campagnes du Hanovre; j'en ferai présent au gouverneur des Invalides, qui les gardera comme un témoignage mémorable des victoires de la Grande-Armée et de la vengeance qu'elle a tirée du désastre de Rosbach. » Ces précieuses reliques furent en effet envoyées aux Invalides avec les drapeaux pris pendant la campagne de Prusse.

Le 25 octobre 1811, l'armée française livre, en Espagne, la bataille de Sagonte, prend aux Espagnols quatre drapeaux, et le lendemain on en trouve six autres dans la ville.

26 Octobre 1806. — L'étendard du régiment de la reine de Prusse est pris au combat de Zednick.

27 Octobre 1806. — Les quatre étendards des gendarmes de la garde royale de Prusse sont pris au combat de Wigensdorf.

28 Octobre 1794. — Pichegru, pour remercier la Convention du drapeau donné par elle à l'armée

du Nord, lui envoie un drapeau enlevé à l'ennemi.

Le 28 octobre 1806, au combat de Prenslow, le lieutenant Jobert (Nicolas), du 6e dragons, né le 30 janvier 1763 à Chigny (Marne), s'empare d'un étendard aux armes de la maison royale de Prusse. Il a son sabre brisé et la main mutilée dans la lutte. Cette journée coûte à l'armée prussienne 15 trophées, y compris les insignes de la garde à pied et à cheval.

Jobert devint officier de la Légion d'honneur et se retira du service en 1816.

29 Octobre 1798. — Degain, lieutenant au 1er régiment d'artillerie, employé au siége d'Ancône, chassa l'ennemi d'une redoute, lui prit un drapeau et quelques munitions d'artillerie; il encloua 7 bouches à feu, et rentra dans la place sans avoir perdu un seul homme.

30 Octobre 1813. — Paroume, chasseur au 2e régiment de la Vieille Garde, a l'audace d'aller enlever un fanion jusqu'au milieu d'un bataillon ennemi, pendant la bataille de Hanau. Il est un des trois soldats avec lesquels Cambronne, à cette même bataille, fit mettre bas les armes à plusieurs bataillons autrichiens.

31 Octobre 1799. — Masséna, dans un rapport adressé au Directoire, rend compte que l'armée du Danube a pris 15 drapeaux à l'ennemi.

## NOVEMBRE

**1er Novembre 1813.** — L'Empereur envoie à l'Impératrice 20 drapeaux, pris les 16, 18 et 20 oc tobre, aux batailles de Wachau, Leipzig et de Hanau.

2 Novembre 1793. — Un bataillon de volontaires, sous les ordres du commandant Ruby, enlève un drapeau au combat de Betzheim devant Haguenau.

Le 2 novembre 1799, le Directoire, dans une audience solennelle, reçoit les drapeaux enlevés aux Autrichiens par l'armée du Danube; ces trophées sont suspendus aux voûtes de la salle des séances.

3 Novembre 1810. — 2 drapeaux espagnols sont enlevés au combat de Rio-Almansor, en Espagne.

4 Novembre 1794. — A la bataille de Maëstricht, on prend 31 drapeaux, qui sont présentés, le 12 novembre suivant, par le capitaine Pajol, aide de camp du général Kléber.

5 Novembre 1859. — Affaires contre les Mahias et les Angades, auxquels on enlève deux bannières, et qui sont présentées à l'empereur, le 4 décembre 1859, par le chef d'escadron d'état-major Mircher, aide de camp du gouverneur général de l'Algérie.

6 Novembre 1794. — Le contre-amiral Nielly s'empare du vaisseau anglais l'*Alexandre*, à bord duquel flottait le pavillon du contre-amiral Bligh. — Ce pavillon fut porté chez le représentant du peuple en grande pompe, et la Convention décréta que les marins de Nielly avaient bien mérité de la patrie.

Le 6 novembre 1806, les Prussiens rendent la place de Lubeck. On y prend 38 drapeaux et 22 étendards, qui sont présentés à l'empereur, le 11 novembre, par le colonel Gérard et par l'adjudant commandant Ricard, au nom des 1er et 4e corps de la Grande-Armée.

Le 6 novembre 1860, le maréchal Magnan, commandant en chef le 1er corps d'armée, réunit à Vincennes les officiers, sous-officiers et soldats du 103e de ligne, régiment formé lors de l'annexion de Nice et de la Savoie à la France et composé des éléments de la brigade de Savoie, la meilleure de l'armée sarde. Au nom de l'Empereur, il donne au régiment son aigle en rappelant aux militaires qui le composent, que le 103e avait une belle page dans l'histoire du premier Empire.

7 Novembre 1627.—Au siége de Ré, on ramassa sur le champ de bataille les armes de plus de trois mille hommes. Les trophées de la victoire étaient 4 canons et 44 drapeaux qui furent triomphalement transportés à Paris pour être déposés, les canons à l'Arsenal et les drapeaux à Notre-Dame.

Le 7 novembre 1792, Dumouriez s'empare de Mons. A l'attaque, le général Stettenhoffen voit ses soldats découragés, il prend un drapeau et se tournant vers eux : «Fuyez ! leur dit-il, vous vous déshonorez et déshonorez votre général qui ne survivra pas à votre honte ! » Il s'élance sur les redoutes ennemies ; ses troupes le suivent et s'en emparent.

Le 7 novembre 1800, Menou, général en chef de l'armée d'Egypte, envoie par les officiers Netherwood et Parat les drapeaux et étendards pris dans les différentes batailles contre les Turcs.

8 Novembre 1837. Plusieurs drapeaux mexicains, pris au siége de Saint-Jean d'Ulloa, sont portés aux Invalides.

9 Novembre 1805. — En arrivant à Inspruck,

le 76ᵉ de ligne retrouve dans l'arsenal de cette ville 2 drapeaux qu'il a perdus à la dernière campagne. — Un tableau a consacré le souvenir de cette scène historique.

10 Novembre 1808. — L'Empereur envoie au Corps Législatif les 15 drapeaux pris sur l'ennemi au combat de Burgos, le même jour.

11 Novembre 1808. — La Grande-Armée s'empare de Magdebourg et trouve dans cette place 54 drapeaux et 5 étendards.

Le 11 novembre 1813, le corps de Gouvion Saint-Cyr capitule honorablement à Dresde, mais la capitulation est violée. Le commandant Bosse (Simon), du 85ᵉ de ligne, sauve l'aigle de son régiment, la conserve pendant la captivité du corps en Hongrie, et la rapporte en France en 1814.

Le 11 novembre 1843, au combat de l'Oued-Mala, l'adjudant Lecarlier de Veslud, du 4ᵉ de chasseurs d'Afrique, et le spahis Mohamed-bey-Roukouïa s'emparent chacun d'un drapeau qu'ils enlèvent aux réguliers d'Abd-el-Kader, dont le kalifat, Sidi Embarech, est tué par le brigadier Gérard, du 2ᵉ chasseurs d'Afrique.

12 Novembre 1794. — Le capitaine Pajol, aide de camp du général Kléber, envoyé à Paris par le représentant du peuple Gillet, en récompense de sa bravoure, remet à la Convention nationale 36 drapeaux enlevés aux Impériaux par l'armée de Sambre-et-Meuse : 1 au Mont-Palissel (1ᵉʳ juillet) ; 4 au combat d'Esneux sur la Sarthe (18 septembre) et 31 déposés sur les glacis de Maëstricht, devant les soldats de Kléber (4 novembre). La Convention décréta la mention honorable, l'insertion au bulletin, et que son président don-

serait l'accolade fraternelle au capitaine Pajol (1).

13 Novembre 1792. — Le lieutenant Fernig, attaché à l'état-major du général Dumouriez, se met à la tête d'un escadron de chasseurs à cheval, culbute l'arrière-garde de l'armée autrichienne à la bataille d'Auderlecht, et lui enlève deux pièces de canon et un drapeau.

14 Novembre 1796. — Le général Bonaparte donne l'ordre de fabriquer des armes qui doivent être décernées comme armes d'honneur aux militaires qui auront fait une action d'éclat ou enlevé un drapeau à l'ennemi.

15 Novembre 1703. — Après la bataille de Spire, gagnée par les Français sur les Anglais, les Hollandais et les Allemands, le maréchal de Tallard écrivit du champ de bataille à Louis XIV : « Sire, votre armée a pris plus d'étendards et de drapeaux qu'elle n'a perdu de simples soldats. » 58 drapeaux et 44 étendards étaient tombés au pouvoir de notre armée.

16 Novembre 1797. — Le général Bonaparte remercie, par une lettre en date de ce jour, la Convention du drapeau envoyé par elle à l'armée d'Italie.

17 Novembre 1793. — Le lieutenant Dauture, de la 39e demi-brigade, enlève avec sa compagnie, une redoute armée de 8 pièces de canon, et défendue par deux bataillons portugais sous les ordres du comte de Crillon, qui lui remet ses drapeaux. Le brave Dauture parvint jusqu'au

---

(1) Pajol (Claude-Pierre), né à Besançon, le 3 février 1772. — Engagé volontaire en 1791, parvint par de brillants faits d'armes, au grade de lieutenant-général. Mort en 1844. — Nos deux officiers généraux, comte Pajol (Charles-Pierre-Victor) et Pajol (Louis-Eugène), sont ses fils.

grade de général de brigade. Il est mort le 12 avril 1820.

17-18-19 novembre 1794. A la bataille de la *Montagne Noire* entre l'armée de Dugommier et celle des Espagnols, commandée par le général La Union, deux drapeaux sont enlevés.

**Le** 17 Novembre 1796, à l'une des **journées** d'Arcole, le cavalier *Brunet*, du 15ᵉ de dragons, prend un drapeau; il reçoit un sabre d'honneur, puis la croix de la Légion d'honneur à la création de l'Ordre. Trois autres drapeaux sont enlevés dans cette journée, l'un d'eux par le caporal Bellot, de la fameuse 32ᵉ demi-brigade, et les deux autres par la 51ᵉ demi-brigade. Lemarois, aide de camp du général en chef de l'armée d'Italie, est chargé de les remettre au Directoire.

18 Novembre 1806. — Le lieutenant Lebrun présente à l'empereur 4 étendards prussiens, enlevés par le général Drouet en avant de Lauemburg.

19 Novembre 1809. — 30 drapeaux sont pris aux Espagnols, par l'armée du roi Joseph, à la bataille d'Ocana. L'un de ces drapeaux est enlevé par le sergent Roblat, du 64ᵉ de ligne; le sous-lieutenant Létang (mort général de division le 10 septembre 1864), charge, à la tête de dix cavaliers, une colonne ennemie, est blessé et s'empare d'un autre drapeau, sous les yeux du roi Joseph qui, tirant de son doigt une bague enrichie de diamants, la lui donne sur le champ de bataille.

20 Novembre 1845. — Un drapeau pris au combat d'Obligado (Buénos-Ayres) est porté aux Invalides et déposé dans l'église où il se trouve encore.

21 Novembre 1797. — Cartaux (Michel), briga-

lier au 4ᵉ de hussards, obtint un mousqueton d'honneur, le 4 pluviôse an XI, pour la manière distinguée avec laquelle il se conduisit pendant une charge de cavalerie, où il prit un étendard à l'ennemi après avoir tué l'officier qui le portait.

Cartaux fut décoré le 24 septembre 1803.

22 Novembre 1793. — Le capitaine Chipault (François-Clément), du 7ᵉ régiment de hussards, à la tête d'une centaine d'hommes de son escadron, s'empare du village de Lavantzone, défendu par des forces supérieures, prend 40 hussards de Wurmser, dont un colonel et 7 officiers, 1 drapeau, 2 pièces de canon et plusieurs caissons.

Le brave Chipault reçut dans cette affaire un coup de baïonnette à la cuisse gauche et eut un cheval tué sous lui.

Chipault, qui devint en 1808 major du 6ᵉ chasseurs à cheval, avait reçu à Heilsberg, le 10 juin 1807, 52 *blessures*, toutes constatées par des certificats authentiques; quand le maréchal Lefebvre en fit le rapport à Napoléon, celui-ci n'en voulut rien croire sur le moment, mais il dut se rendre à l'évidence.

Le major Chipault mourut à Venise, le 24 février 1809.

Le 22 novembre 1864, combat de Jiquilpan (Mexique). On prit 10 fanions et le drapeau du 4ᵉ bataillon léger de Zalisco.

23 Novembre 1808. — 7 drapeaux sont enlevés par les troupes françaises à la bataille de Tudela.

Le 23 novembre 1812, l'empereur étant à Bobr, se fait apporter les aigles de tous les corps et les brûle.

24 Novembre 1794. — 4 drapeaux espagnols sont pris à la bataille de Fontarabie.

Le 24 novembre 1805, 7 drapeaux autrichiens sont enlevés au combat de Castel-Franco.

25 Novembre 1807. — La Garde Impériale, de retour de la campagne de Prusse et de Pologne, fait à Paris une rentrée triomphale. Les magistrats de la capitale, au nom de la ville, placent une couronne d'or sur les aigles des régiments.

26 Novembre 1781. — Le marquis de Bouillé s'empare de l'île Saint-Eustache (Martinique), et y trouve quatre drapeaux provenant des 13e et 15e régiments anglais qui avaient formé la garnison de cette ville.

Ces drapeaux furent remis au roi le 7 janvier 1782 par le comte de Bouillé, fils du marquis et colonel d'infanterie.

Le 26 novembre 1793, Beaudoin (Joseph), né le 8 août 1772 à La Forêt (Vosges), engagé volontaire en 1792, se signala d'une manière fort honorable dans plusieurs circonstances, mais particulièrement à l'affaire de Laval (26 novembre 1793), où il sauva le drapeau du 13e bataillon des Vosges, en traversant à la nage la rivière de la Mayenne. Beaudoin qui avait obtenu un sabre d'honneur pour d'autres actions d'éclat lors du passage du Tésin en 1800, fut nommé à la création de la Légion d'honneur, légionnaire de droit.

27 Novembre 1864. — Le vieux drapeau du 27e de ligne, criblé et mis en lambeaux par les boulets et les balles pendant la campagne de Crimée, est remplacé par ordre de l'Empereur.

28 novembre 1794. — Le capitaine Nicaise (Nicolas), à la tête de 4 compagnies de la 13e demi-brigade de ligne, met en déroute, au combat de Bergara, une forte colonne espagnole, fait 800 prisonniers et prend 4 drapeaux.

Le 28 novembre 1798, au combat de Porto-di-Formo, en Italie, le lieutenant Dolbeau, de la 73ᵉ demi-brigade, enlève un drapeau napolitain en se jetant au milieu d'un régiment ennemi.

Le 28 novembre 1809, six drapeaux sont conquis au combat d'Alba de Tormès par l'armée de Kellermann.

29 Novembre 1864. — Combat de Guadalupe. Le brigadier Pierre, du 3ᵉ de chasseurs d'Afrique, enlève un étendard ennemi après avoir tué l'officier mexicain qui le portait. Ce trophée se trouve aujourd'hui aux voûtes de l'église des Invalides.

30 Novembre 1808. — Dix drapeaux espagnols sont pris par la cavalerie française au combat de Somo-Sierra pendant la charge brillante faite par les lanciers rouges.

Le 30 novembre 1845, le maréchal Oudinot, gouverneur des Invalides, reçoit au nom du roi, cinq drapeaux pris à l'attaque des batteries et du barrage d'Obligado dans le Parana (1).

## DÉCEMBRE

**1ᵉʳ Décembre 1800.** — Au combat d'Aschau, la 84ᵉ demi-brigade, chargée par l'infanterie autrichienne, abandonne la position qu'elle occupe; mais elle est ralliée par le sergent Colomb qui, saisissant un drapeau, la conduit devant l'ennemi.

Le 1ᵉʳ décembre 1809, capitulation de Girone,

---

(1) Parana, rivière de l'Amérique méridionale, qui sépare le Brésil du Paraguay.

assiégée depuis le 4 juin. 8 drapeaux tombent en nos mains.

Le 1er décembre 1850, décision du prince président de la République, pour que les drapeaux des bataillons de gardes mobiles soient déposés dans la salle d'armes du château de Vincennes, comme reconnaissance des services rendus par cette troupe pendant l'insurrection de 1848.

2 Décembre 1792. — Capitulation de la citadelle de Namur. Les huit drapeaux pris sur la garnison sont apportés à la Convention par le général Valence.

Le 2 décembre 1805, à la bataille d'Austerlitz, le major Geither, qui commandait le 15e régiment d'infanterie légère, ayant été blessé au commencement de l'action, au moment où il enlevait le village de Telnitz, sa troupe, composée en grande partie de conscrits, cédait devant des forces considérables ; alors le chef de bataillon Dulong, mort général de brigade en 1828, saisit l'aigle du 2e bataillon et parvint à rallier les soldats, qui conservent la position.

A la fin de la bataille, il reçut les compliments du maréchal Davout, qui lui dit : « Quand on a eu l'honneur de conduire un régiment victorieux dans une si belle journée, on doit le commander toujours. »

Braun (Gustave), né le 1er octobre 1775, à Strasbourg, capitaine au 2e régiment de hussards, eut un cheval tué sous lui à la bataille d'Austerlitz, et reçut un coup de feu à la joue droite en enlevant un étendard à l'ennemi.

Braun, nommé membre de la Légion d'honneur et major du 9e de hussards, se signala depuis en Allemagne et en Espagne.

45 drapeaux sont pris aux ennemis; 3 étendards sont pris par un escadron du 26ᵉ de chasseurs à cheval; 3 drapeaux sont enlevés à un corps de grenadiers russes par le 48ᵉ de ligne, commandé par le colonel Barbanègre, et 13 autres par le 36ᵉ, colonel de Lamotte.

3 Décembre 1800. — A la bataille de Hohenlinden, plusieurs drapeaux sont pris aux Autrichiens par les nommés Simon (Jacques), soldat au 1ᵉʳ chasseurs à cheval; Perrault du 5ᵉ de hussards; Hullet (Nicolas), brigadier au 4ᵉ de même arme, qui fit en même temps prisonnier un officier autrichien; Kœntz, du 8ᵉ de chasseurs, qui pénétre le premier dans un carré et tue un colonel; Vassy, sergent à la 110ᵉ demi-brigade qui fait deux prisonniers; Royal, soldat au 2ᵉ de dragons, qui prend également un officier de cuirassiers autrichiens; Leblanc, maréchal des logis au 13ᵉ de cavalerie. — Tous reçoivent des armes d'honneur et à la création de l'Ordre, la _roix.

4 Décembre 1852. — A l'a    *+ de Laghouat, ιe lieutenant-colonel Clerc 1   ιe l'aigle du 2ᵉ de zouaves sur le dôme du mi.  et, a⁹ moment où le chef des nègres, chargé d'organiser la défense pour le chérif, tombe mort à ses pieds, sous les balles de la garde du drapeau français.

5 Décembre 1804. — Distribution des aigles au Champ-de-Mars.

Le 5 décembre 1838, un pavillon mexicain, pris à l'attaque de la Vera-Cruz, est appendu aux voûtes de l'église des Invalides.

6 Décembre 1798. — Le corps d'armée envoyé à Rome, sous les ordres de Championnet, prend aux troupes romaines 21 drapeaux qui sont présentés le 8 mars 1799 au Directoire exécutif.

**7 Décembre 1794.** — Le chasseur Babrau, dans un combat près de Bréda, enlève un drapeau aux troupes hollandaises; il reçut un sabre d'honneur.

**8 Décembre 1832.** — L'étendard des Beni-Messerah, enlevé par nos soldats de l'armée d'Afrique, est déposé dans l'église des Invalides, où il est encore aujourd'hui.

Le 8 décembre 1855, le colonel d'état-major, comte Pajol, envoyé de Crimée par le maréchal Pélissier, présente à l'empereur, au palais de Saint-Cloud, 3 drapeaux russes pris à Sébastopol, Kinburn et Eupatoria. — Par ordre de l'empereur le colonel Pajol remet ces drapeaux au comte d'Ornano, gouverneur des Invalides, qui les fait suspendre au milieu de nos autres trophées.

**9 Décembre 1797.** — Cérémonie au Directoire pour la remise du traité de Campo-Formio. Le ministre de la guerre présente le général Joubert et le chef de brigade Andréossy, chargés par le général Bonaparte de rapporter au Directoire les deux drapeaux décernés à l'armée d'Italie, et sur l'un desquels, outre les inscriptions qui rappellent ses principaux exploits, on lit : *A l'armée d'Italie, la Patrie reconnaissante !*

**10 Décembre 1710.** — Bataille de Villaviciosa (Nouvelle-Castille), gagnée par le maréchal, duc de Vendôme, sur Stahrenberg. Philippe V ayant témoigné le désir de prendre quelque repos sur le champ de victoire, le duc de Vendôme lui dit : « Je vais vous faire préparer le plus beau lit sur lequel jamais roi ait couché. » Et il fit apporter à cet effet dans la tente du roi tous les drapeaux et étendards pris aux ennemis.

11 Décembre 1805. — Envoi à Paris de 45 drapeaux pris à Austerlitz par la Grande-Armée. Ils sont aujourd'hui autour du tombeau de Napoléon à l'Hôtel des Invalides.

12 Décembre 1800. — Dans un combat de cavalerie qui a lieu à Hersdorf, le brigadier Cartaux, du 4ᵉ de hussards, enlève un drapeau aux Autrichiens et reçoit un sabre d'honneur.

13 Décembre 1859. — Remise de la décoration destinée à l'aigle du 10ᵉ bataillon de chasseurs à pied, en récompense du drapeau autrichien enlevé dans la journée du 24 juin 1859, à Solferino, par le sergent Garnier de la 1ʳᵉ compagnie du 10ᵉ bataillon de chasseurs à pied.

14 Décembre 1796. — Napoléon écrit de Milan au général Berthier : « Vous voudrez bien, général, faire faire, avec les emblèmes ordinaires, des drapeaux pour chacune des demi-brigades de l'armée : vous ferez écrire sur chacun d'eux le nom des affaires où les différents corps se sont trouvés, en distinguant, par de plus gros caractères, celles où ils ont contribué le plus. »

15 Décembre 1806. — A l'affaire de Maenbourg, le lieutenant Lion (Jean-Dieudonné), à la tête de la 8ᵉ compagnie du 20ᵉ régiment de chasseurs à cheval, après avoir essuyé le feu de l'ennemi, s'empara des hauteurs qui dominent la ville, obligea un bataillon à déposer les armes, l'emmena prisonnier, et prit un drapeau et deux pièces de canon.

Le 15 décembre 1865, un décret impérial confère la décoration de la Légion d'honneur à l'aigle du 51ᵉ de ligne, pour récompenser ce régiment d'avoir enlevé deux drapeaux et trois fanions dans divers combats au Mexique. Ces cinq trophées sont aujourd'hui appendus à la voûte de l'église des Invalides.

16 Décembre 1808. — Combat de Carcaden, à 9 lieues de Barcelone, livré aux Espagnols par les divisions Pino et Souham du corps d'armée de Gouvion-Saint-Cyr. Deux drapeaux sont pris à l'ennemi.

17 Décembre 1795. — Au combat qui eut lieu près de Pirmasens, le maréchal des logis Demaille, du 2ᵉ régiment de chasseurs à cheval, sauva le drapeau de son régiment près de tomber aux mains de l'ennemi.

Le 17 décembre 1846, au combat de Fautahuha (Océanie), un drapeau est pris par notre allié le chef Taruru. Ce drapeau est appendu aux voûtes de l'église des Invalides (n° 49).

18 Décembre 1801. — Le Premier Consul décerne des armes d'honneur à titre de récompense nationale au sous-lieutenant Michel du 2ᵉ bataillon de la 43ᵉ demi-brigade qui, à l'affaire du 25 décembre 1800, au passage du Mincio, franchit le premier un fossé pour engager ses frères d'armes à l'imiter; mais, voyant que son exemple n'était pas suivi, il repassa le fossé, s'empara du drapeau du bataillon, et alla le replanter à dix pas de l'autre côté du fleuve; au capitaine adjudant-major Garnier (du même bataillon) qui, à la même affaire, se distingua par sa valeur en marchant dans le village de Pozzolo, le drapeau à la main, à la tête de la division qu'il commandait.

19 Décembre 1800. — Parisot (Jean-Nicolas), né dans le département de la Moselle, était soldat au 20ᵉ régiment de chasseurs, lorsque, à l'affaire de Lambach, le 19 décembre 1800, il enleva un étendard à l'ennemi. Le 17 avril 1801, Parisot re-

çut pour cette action d'éclat une carabine d'honneur, et en 1803, il fut nommé membre de la Légion d'honneur.

Le 19 décembre 1832, quatre drapeaux africains sont déposés aux Invalides, provenant de nos victoires. L'un de ces drapeaux était celui de la ville de Médéah.

20 Décembre 1793. — Au combat du fort Saint Elme, le 2e bataillon de la 5e demi-brigade avait perdu beaucoup de monde, et le drapeau, après être passé entre les mains de plusieurs officiers et sergents, qui tous avaient été tués, était tombé au pouvoir des gardes wallonnes, lorsque le capitaine Forestier s'élança au milieu des ennemis, saisit le drapeau du bataillon et le rapporta parmi les siens.

Forestier (Gaspard-François) devint baron de l'Empire et général de brigade en 1813. Il est mort à Paris le 24 avril 1832.

21 Décembre 1798. — Présentation au Directoire des drapeaux pris sur les Napolitains.

22 Décembre 1862. — Deux drapeaux et trois fanions mexicains apportés en France par le capitaine d'état-major Hubert-Castex, aide de camp du général de Lorencez, sont déposés dans l'église des Invalides. Les deux drapeaux ont été pris, l'un au combat du 18 mai 1862, par le sergent Pacirena, aidé des grenadiers Lecousne, Mège et Sineux, du 99e de ligne; l'autre, par le caporal Tisserand, du même régiment, au combat du Borrégo.

23 Décembre 1806. — Fletz, dragon au 6e régiment, et Jouffroy, fourrier au 3e dragons, enlèvent chacun un étendard à l'ennemi, au combat de Biezen.

— Le même jour, au passage de l'Ukra, trois drapeaux et un étendard sont également pris par les troupes françaises.

24 Décembre 1794. — La place de Bréda tombe au pouvoir de l'armée du Nord : 19 drapeaux sont pris et le général en chef les envoie à la Convention nationale par le lieutenant Privé, qui, par une audacieuse et habile reconnaissance, a puissamment contribué à la reddition de la place.

Ces drapeaux sont présentés à la séance du 15 janvier 1795. Ils sont portés par Gaignant, brigadier au 13e de dragons, et Babo, grenadier au 2e bataillon de la 27e demi-brigade, qui, dans la journée du 24, ont enlevé chacun un de ces trophées.

Le lieutenant Privé devint général en 1807.

25 Décembre 1800. — Au passage du Mincio, le chef de bataillon Laborie, de la 2e demi-brigade de ligne, à la tête de 16 compagnies de grenadiers s'empare de 3 redoutes, de 10 bouches à feu et de 2 drapeaux. Il fut tué en 1809 en Italie.

Pierron (Jean-Joseph), né le 5 mai 1774 à Bièvre (Meuse), maréchal des logis au 11e de hussards, enlève un drapeau à l'ennemi ; au moment où il le rapporte et parcourt au galop le front de la division Watrin, il reçoit un coup de feu qui lui brise la mâchoire ; nommé officier sur le champ de bataille, il devint par la suite membre de la Légion d'honneur. Valette, cavalier au 14e de chasseurs, dans une charge de son régiment, enlève un étendard aux Autrichiens ; il reçoit une arme d'honneur, et, en 1803, la croix.

26 Décembre 1793. — A l'affaire de Geisberg près de Wissembourg, le sergent Adraste, du régiment de Rouergue-Infanterie, se fit remarquer

ce jour-là par un trait de sublime courage. Ayant vu tomber sous les coups de l'ennemi le porte-drapeau du bataillon, il s'élança seul à travers les feux croisés des Autrichiens et fut assez heureux pour sauver son drapeau.

Le 26 décembre 1806, aux combats de Soldau et de Pultusk, 5 drapeaux sont enlevés aux **Prus**siens.

Le 26 décembre 1811, au combat devant Valence, le maréchal Suchet rejette le général Black dans la place et s'empare de 2 drapeaux.

27 Décembre 1800. — Au combat de Casanova, le caporal Champagnol (Thomas), de la 6e de ligne, enlève un drapeau aux Autrichiens. Sa belle conduite dans cette affaire lui fit décerner un fusil d'honneur.

— A l'attaque des retranchements de Saliouza (Italie), le général Delmas repousse le prince de Hohenzollern et lui prend 2 drapeaux.

28 Décembre 1849. — Remise à l'Hôtel des Invalides de la tente de l'ancien bey de Constantine, trophée qui, précédemment, avait été apporté en France après la prise de la ville africaine (octobre 1837).

29 Décembre 1793. — A la prise de Spire, les Français s'emparent de 5 drapeaux.

30 Décembre 1805. — Réception à Paris des drapeaux pris aux Autrichiens.

Le 30 décembre 1852, le ministre de la guerre envoie au gouverneur de l'Hôtel des Invalides 5 drapeaux pris au siége de Laghouat. Les trophées sont reçus par le général Sauboul, au nom du gouverneur.

31 Décembre 1839. — Combat de l'Oued-Hallegg. Le colonel Changarnier, chargé du commande-

ment de l'avant-garde, sollicite et obtient l'ordre de charger à la baïonnette une colonne arabe de près de 1,500 hommes, dont 800 de l'infanterie régulière d'Abd-el-Kader, qui s'avançait vers la tête de colonne française, tambours battants, enseignes déployées. Changargnier s'élance à la tête de son régiment, en s'écriant : « *En avant, 2º léger, à la baïonnette!* » Le 2ᵉ léger le suit au pas de charge et enlève la position.

En même temps, sur la gauche, le colonel Bourjolly se met à la tête de ses quatre escadrons du 1ᵉʳ régiment de chasseurs, et aussitôt, malgré la fusillade la plus vive, la colonne ennemie est culbutée, enfoncée par le sabre et la baïonnette, et prend la fuite dans le plus affreux désordre, laissant 300 cadavres sur le champ de bataille. Une pièce de canon, 12 drapeaux et une multitude d'armes furent les trophées de ce combat.

Trois étendards furent pris par les brigadiers Lefebvre et Raymond et par le cavalier Senèque, du 1ᵉʳ régiment de chasseurs à cheval. Ces drapeaux furent déposés aux Invalides le 3 avril 1840. Cinq seulement existent encore, les sept autres ont été brûlés dans l'incendie de l'église, aux obsèques du maréchal Sébastiani, le 11 août 1851.

*Copie du fac-similé du drapeau de Mazagran, envoyé au Ministre de la Guerre par la Commission instituée par lettre du 12 juillet 1840.*

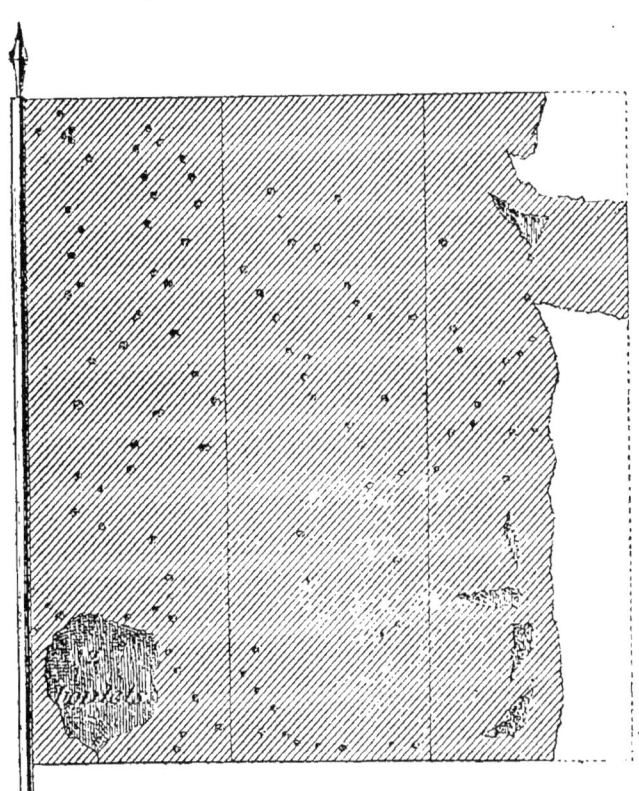

Bande bleue. . . . . . . . 53 balles
Bande blanche . . . . . . 35 balles
Bande rouge. . . . . . . . 32 balles
Bande bleue. . . . . . . . 2 boulets
Bande rouge. . . . . . . . 2 boulets

Avec Bourraqui, qui avait été fait chevalier de la Légion d'honneur en Crimée pour action d'éclat, nous devons citer comme ayant contribué à sauver le drapeau du 91ᵉ, à Solférino, les sous-officiers Aiguier, Orsal et Foubert. Tous les trois furent décorés de la Légion d'honneur. Foubert (Frédéric), qui était un ancien enfant de troupe du 16ᵉ léger (devenu 91ᵉ de ligne), et qui avait fait les campagnes d'Afrique et de Crimée, montra une non moins grande valeur lors de l'affaire de Montretout, le 19 janvier 1871, étant capitaine de la légion du génie auxiliaire. Il fut remarqué de tous et mérita d'être promu officier de la Légion d'honneur (7 février 1871). C'est là une belle page à ajouter à l'historique du 91ᵉ.

---

Le 5ᵉ chasseurs à cheval de France. — Le 16ᵉ uhlans et les cuirassiers blancs à Gravelotte. — Le drapeau du 93ᵉ d'infanterie française perdu et retrouvé.

A la bataille de Gravelotte, qui eut lieu le 16 août 1870, la division de cavalerie du 2ᵉ corps était composée des 7ᵉ et 12ᵉ dragons, des 4ᵉ et 5ᵉ chasseurs, aux ordres du général de Valabrègue, en remplacement du général Lichtlin.

Le 5ᵉ chasseurs était commandé par le colonel Gombaud de Séréville, ancien lieutenant-colonel du 1ᵉʳ hussards, (actuellement général de brigade, commandant la 6ᵉ brigade de cavalerie).

Vers une heure de l'après-midi, notre aile droite gagnait du terrain et une batterie d'artillerie faisait beaucoup de mal aux Prussiens. C'est alors, qu'en désespoir de cause, ceux-ci lancè-

# APPENDICE

rent sur nous, en deux colonnes, le 7ᵉ cuirassiers et le 16ᵉ uhlans.

Le 7ᵉ cuirassiers (du roi) fut pris de flanc, par la division de Forton (1ᵉʳ et 9ᵉ dragons, 7ᵉ et 10ᵉ cuirassiers), et fort maltraité par le 7ᵉ cuirassiers français qui le chargea carrément et le mit en déroute. Le 16ᵉ uhlans, de son côté, colonne de droite, ayant traversé au galop de ses chevaux une de nos batteries, se trouve tout à coup sur le front de la division Valabrègue, dont le 5ᵉ chasseurs formait la gauche, un peu en avant des autres régiments.

En apercevant le 5ᵉ chasseurs, le 16ᵉ uhlans jette lance à terre, prend sabre en main et veut se ranger en bataille. Le colonel de Séréville ne lui en laisse pas le temps, se précipite sur lui, le culbute, le détruit en partie, fait un grand nombre de prisonniers, retraverse la batterie et reprend deux pièces d'artillerie, dont une attelée et emmenée par des uhlans. Ceux-ci sont tués par le brigadier Borgne et le chasseur Eyma, qui furent depuis médaillés et cités, pour ce fait, à l'ordre de l'armée.

En remettant les canons, le colonel s'en fit donner accusé de réception, par le commandant de la batterie.

C'est dans cette charge, poussée seulement par le 5ᵉ chasseurs, que le drapeau du 93ᵉ de ligne français fut recueilli gisant sur le sol, par un chasseur qui reçut aussi, plus tard, la médaille.

En reprenant sa ligne de bataille, le colonel de Séréville aperçoit des cuirassiers blancs sur ses derrières ; il fait sonner le ralliement et sabre ces cavaliers. Là, fut tué par des chasseurs, un magnifique officier de ce corps, le baron de Stochausen, dont on remit le portefeuille, la montre et les boutons de manchettes au colonel, qui les donna lui-même à un parlementaire pour être rendus à sa famille, y compris un billet de 100 thalers.

Lorsque le colonel de Séréville eut ramené son régiment à la division, le général de Valabrègue, voyant le drapeau du 93ᵉ, lui dit : « Colonel, je me réserve de faire porter au colonel du « 93ᵉ ce drapeau qui lui appartient. » Le colonel ne fit aucune objection. On fit passer en arrière le chasseur qui le portait, et plus tard, on le déposa dans les mains du général Bourbaki.

Dans sa mêlée avec les uhlans, le 5ᵉ chasseurs avait perdu un officier tué sur le coup, le sous-lieutenant de Nyvenheim, frère de celui des lanciers de la garde, mort le même jour, d'un coup de lance; il avait eu une quarantaine de blessés. Quant au 16ᵉ uhlans, il n'existait plus.

Beaucé, notre regretté peintre de bataille, a reproduit cet épisode au salon de 1874; mais il n'a pas cité le numéro du régiment. C'est fâcheux; à chacun son mérite et sa gloire.

Ce fait, quoiqu'alors porté à la connaissance de plusieurs officiers généraux, est demeuré enseveli dans l'oubli; nous sommes heureux de le faire connaître ici, grâce à l'excellent abbé Staub, l'historien de l'arme des hussards.

# LISTE

# DES NOMS DE BATAILLES

*Approuvés par le Ministre de la guerre pour être inscrits sur les drapeaux et étendards des corps de troupe de l'armée.*

### INFANTERIE

#### INFANTERIE DE LIGNE

1er régiment. — Fleurus, 1794 ; Mœsskirch, 1800 ; Biberach, 1800 ; Milianah, 1842.

2e régiment. — Zurich, 1799 ; Gênes, 1800 ; Polotsk, 1812 ; Solférino, 1857.

3e régiment. — Jemmapes, 1792 ; Austerlitz, 1805 ; Wagram, 1809 ; Bomarsund, 1854.

4e régiment. — Arcole, 1796 ; Hohenlinden, 1800 ; Iéna, 1806 ; Wagram, 1809.

5e régiment. — Castiglione, 1796 ; Marengo, 1800 ; Wagram, 1809 ; Anvers, 1832.

6e régiment. — Bautzen, 1813 ; Alger, 1830 ; Sébastopol, 1854-1855 ; Solférino, 1859.

7e regiment. — Fleurus, 1794 ; Bautzen, 1813 ; Anvers, 1832 ; Sébastopol, 1854-1855.

8e régiment. — Hohenlinden, 1800 ; Friedland, 1807 ; Zaatcha, 1849 ; Solférino, 1859.

9e régiment. — Austerlitz, 1805 ; Wagram, 1809 ; la Moskowa, 1812 ; Sébastopol, 1855.

10e régiment. — Fleurus, 1794 ; Lützen, 1813 ; Toulouse, 1814 ; Sébastopol, 1854-1855.

11e régiment. — Castiglione, 1796 ; Lonato, 1796 ; Wagram, 1809 ; Constantine, 1837.

12e régiment. — La Favorite, 1797 ; Auerstaedt, 1806 ; Wagram, 1809 ; Anvers, 1832.

13e régiment. — Vérone, 1797; Héliopolis, 1800; Wagram, 1809; Bautzen, 1813.

14e régiment. — Mantoue, 1796; Rivoli, 1797; Austerlitz, 1805; Sébastopol, 1855.

15e régiment. — Friedland, 1807; Alger, 1830; Sébastopol, 1855; Solférino, 1859.

16e régiment. — Hohenlinden, 1800; Wagram, 1809; Sagonte, 1811; Zaatcha, 1849.

17e régiment. — Fleurus, 1794; Austerlitz, 1805; Auerstaedt, 1806; la Moskowa, 1812.

18e régiment. — Rivoli, 1797; Austerlitz, 1805; la Moskowa, 1812; Sébastopol, 1855.

19e régiment. — Jemmapes, 1792; Héliopolis, 1800; Wagram, 1809; Sébastopol, 1854-1855.

20e régiment. — Caldiéro, 1805; Valence, 1812; Alger, 1830; Sébastopol, 1854-1855.

21e régiment. — Wagram, 1809; la Moskowa, 1812; Sébastopol, 1854-1855; Solférino, 1859.

22e régiment. — Hondschoote, 1793; Marengo, 1800; Lützen, 1813; Anvers, 1832.

23e régiment. — Zurich, 1799; Wagram, 1809; Lützen, 1813; Magenta, 1859.

24e régiment. — Hondschoote, 1793; Biberach, 1796; Iéna, 1806; Friedland, 1807.

25e régiment. — Arcole, 1796; les Pyramides, 1798; Austerlitz, 1804; Wagram, 1809.

26e régiment. — Fleurus, 1794; Constantine, 1837; Beni-Mered, 1842; Sébastopol, 1854-1855.

27e régiment. — Fleurus, 1794 — Hohenlinden, 1800; Iéna, 1806; Sébastopol, 1854-1855.

28e régiment. — Marengo, 1800; Austerlitz, 1805; Eylau, 1807; Sébastopol, 1864-1855.

29e régiment. — Valmy, 1792; Caldiéro, 1805; Wagram, 1809; Alger, 1830.

30e régiment. — Austerlitz, 1805; Wagram, 1809; la Moskowa, 1812; Solférino, 1859.

31e régiment. — Valmy, 1792; Biberach, 1796; Saint-Domingue, 1802; Collo, 1843.

32e régiment. — Lonato, 1796; les Pyramides, 1798; Friedland, 1807; Sébastopol, 1855.

33e régiment. — Austerlitz, 1805; Wagram, 1809; la Moskowa, 1812; Melegnano, 1859.

34e régiment. — Fleurus, 1794; Austerlitz, 1805; Iéna, 1806; Solférino, 1859.

35e régiment. — Wagram, 1809; la Moskowa, 1812; Alger, 1830; Sébastopol, 1855.

36e régiment. — Jemmapes, 1792; Zurich, 1799; Austerlitz, 1805; Iéna, 1806.

37e régiment. — Zurich, 1799; Polotsk, 1812; Alger, 1830; Solférino, 1859.

38e régiment. — Jemmapes, 1792; Saint-Gothard, 1799, Mœsskirch, 1800; Zaatcha, 1849.

39e régiment. — Arcole, 1796; Ulm, 1805; Friedland, 1807; Sébastopol, 1854-1855.

40e régiment. — Marengo, 1800; Austerlitz, 1805; Saragosse, 1809; Fleurus, 1815.

41e régiment. — Gênes, 1800; Anvers, 1832; Isly, 1844; Magenta, 1859.

42e régiment. — Hohenlinden, 1800; Girone, 1809; Tarragone, 1811; Sébastopol, 1854-1855.

43e régiment. — Marengo, 1800; Iéna, 1806; Zaatcha, 1849; Sébastopol, 1855.

44e régiment. — Marengo, 1800; Eylau, 1807; Sarragosse, 1809; Solférino, 1859.

45e régiment. — Lodi, 1796; Austerlitz, 1805 Friedland, 1807; Magenta, 1859.

46e régiment. — Zurich, 1799; Austerlitz, 1805; la Moskowa, 1812; Sébastopol, 1854-1855.

47e régiment. — Fleurus, 1794; la Corogne, 1809; Constantine, 1837; Sébastopol, 1855.

48e régiment. — Hohenlinden, 1800; Austerlitz, 1805; Auerstædt, 1806; Isly, 1844.

49e régiment. — Jemmapes, 1792; Alger, 1830; Sébastopol, 1855; Solférino, 1859.

50e régiment. — Zurich, 1799; Iéna, 1806; Lützen, 1813; Sébastopol, 1854-1855.

51e régiment. — Arcole, 1796; Eylau, 1807; Bomarsund, 1854; San Lorenzo, 1863.

52e régiment. — Valeggio, 1800; Wagram, 1809; Sébastopol, 1855; Magenta, 1859.

53e régiment. — Zurich, 1799; la Moskowa, 1812; Isly, 1844; Solférino, 1859.

54e régiment. — Alkmaer, 1799; Austerlitz, 1805; Friedland, 1807; Kabylie, 1857.

55e régiment. — Gênes, 1800; Austerlitz, 1805; Eylau, 1807, Solférino, 1859.

56e régiment.— Valmy, 1792; Caldiéro, 1805; Essling, 1809; Solférino, 1859.

57e régiment. — La Favorite, 1797; Austerlitz, 1805; la Moskowa, 1812; Sébastopol, 1855.

58e régiment. — Rivoli, 1797; Friedland, 1807; Ocana, 1809; Anvers, 1832.

59e régiment. — Marengo, 1800; Friedland, 1807; Ciudad-Rodrigo, 1810; Fleurus, 1815.

60e régiment. — Marengo, 1800; Wagram, 1809; Valence, 1812; Kabylie, 1857.

61e régiment. — Héliopolis, 1800; Wagram, 1809; Sébastopol, 1854-1855; Solférino, 1859.

62e régiment. — Wagram, 1809; Lützen, 1813; Sébastopol, 1855; Matehuala, 1864.

63e régiment. — Gênes, 1800; Friedland, 1807; Chiclana, 1811; Fleurus, 1815.

64e régiment. — Mantoue, 1797; Vérone, 1797; Austerlitz, 1805; Iéna, 1806.

65e régiment. — Stralsund, 1807; Ratisbonne, 1809; Anvers, 1832; Magenta, 1859.

66e régiment. — Luxembourg, 1795; Alkmaer, 1799; Oporto, 1809; Fuentès-de-Onoro, 1811.

67e régiment. — Hondschoote, 1793; Neuwied, 1797; Wagram, 1809; Lutzen, 1813.

68e régiment. — Jemmapes, 1792; Nimègue, 1794; le Wahal, 1795; Kabylie, 1857.

69e régiment. — Castiglione, 1796; Aboukir, 1799; Elkingen, 1805; Friedland, 1807.

70e régiment. — Montenotte, 1796; Marengo, 1800; Oporto, 1809; Magenta, 1859.

71e régiment. — Jemmapes, 1792; Fleurus, 1794; Kabylie, 1857; Magenta, 1859.

72e régiment. — Marengo, 1800; Wagram, 1809; la Moskowa, 1812; Solférino, 1859.

73e régiment. — Jemmapes, 1792; Gênes, 1800; Sébastopol 1855; Solférino, 1859.

74e régiment. — Jemmapes, 1792; Gênes, 1800; Sébastopol; 1854-1855; Solférino, 1859.

75e régiment. — Caldiéro, 1796; Austerlitz, 1805; Iéna, 1806; Kabylie, 1857.

76e régiment. — Ulm, 1805; Iéna, 1806; Friedland, 1807; Solférino, 1859.

77e régiment. — Les Pyramides, 1798; Friedland, 1807; Alger, 1830; Bomarsund, 1854.

78e régiment. — Gênes, 1800; Wagram, 1809, Isly, 1844, Solférino, 1859.

79e régiment. — Mont-Thabor, 1799; Caldiéro, 1805; Friedland, 1807; Sébastopol, 1855.

80e régiment. — Arcole, 1796; Wagram, 1809; Lützen, 1813; Sébastopol, 1854-1855.

81e régiment. — Marengo, 1800; Iéna, 1806; Isly, 1844; Puebla, 1863.

82e régiment. — Mayence, 1793; Iéna, 1806; la Moskowa, 1812; Sébastopol, 1854-1855.

83e régiment. — Gênes, 1800; Wagram, 1809; la Moskowa, 1812; Lützen, 1813.

84e régiment. — Marengo, 1800; Friedland, 1807; Grætz (1 contre 10), 1809; Montebello, 1859.

85e régiment. — Passage du Tyrol, 1797; Auerstædt, 1806; Sébastopol, 1855; Solférino, 1859.

86e régiment. — Lodi, 1796; Passage du Tyrol, 1797; Dresde, 1813; Sébastopol, 1855.

87e régiment. — Rivoli, 1797; Zurich, 1799; Austerlitz, 1805; Friedland, 1807.

88e régiment. — Sédiman, 1798; Austerlitz, 1805; Wagram, 1809; la Moskowa, 1812.

89e régiment. — Valmy, 1792; Hohenliden, 1800; Caldiéro, 1805; Lützen, 1813.

90e régiment. — Valmy, 1792; Austerlitz, 1805; Isly, 1844; Magenta, 1859.

91e régiment. — Iéna, 1806; Eylau, 1807; Sébastopol, 1855; Solférino, 1859.

92e régiment. — Rivoli, 1797; Austerlitz, 1805; Iéna, 1806; Constantine, 1837.

93e régiment. — Castiglione, 1796; Wagram, 1809; la Moskowa, 1812; Montebello, 1859.

94e régiment. — Marengo, 1800; Austerlitz, 1805; Friedland, 1807; Anvers, 1832.

95e régiment. — Austerlitz, 1805; Anvers, 1832; Sébastopol, 1854-1855; Puebla, 1863.

96e régiment. — Les Pyramides, 1798; Iéna, 1806; Saragosse, 1809; Sébastopol, 1855.

97e régiment. — Rivoli, 1797; Gênes, 1800; Lützen, 1813; Sébastopol, 1854-1855.

98e régiment. — Wagram, 1809; Lützen, 1813; Sébastopol, 1854-1855; Montebello, 1859.

99e régiment. — Marengo, 1800; Wagram, 1809; la Moskowa, 1812; Aculcingo, 1862.

100e régiment. — Iéna, 1806; Friedland, 1807; Sébastopol, 1855; Solférino, 1859.

101e régiment. — Marengo, 1800; Bautzen, 1813; Hanau, 1813; Palikao, 1860.

102 régiment. — Valmy, 1792; Zurich, 1799; Wagram, 1809 ; Forts de Péïho, 1860.

103e régiment. — Zurich, 1799; Hohenlinden, 1880; Iéna, 1806; Saragosse, 1809.

104e régiment. — Jemmapes, 1792; Mantoue, 1796; Mayence, 1814: Défense du Jura, 1815.

105e régiment. Lodi, 1796; Iéna, 1806; Eylau, 1807; Wagram, 1809.

106e régiment. — Biberach, 1796; Gênes, 1880; Wagram, 1809; Malojaroslawetz, 1812.

107e régiment. — Conquête de la Hollande, 1893-1795; Turin, 1799.

108e régiment. — Hohenlinden, 1800; Austerlitz, 1805; Auerstædt, 1806; la Moskowa, 1812.

109e régiment. — Ettlingen, 1796; Feldkirch, 1799; Mœsskirch, 1800; Memmingen, 1800.

110e régiment. — Fleurus, 1794; Zurich, 1799; Hohenlinden, 1800; Saint-Domingue, 1802.

111e régiment. — Auerstaedt, 1806; Friedland, 1807; Wagram, 1809; la Moskova, 1812.

112e régiment. — Raab, 1809; Wagram, 1809; Lützen, 1813; Bautzen, 1813.

113e régiment. — Tarragone, 1811; la Moskowa, 1812; Lützen, 1813; Bautzen, 1813.

114e régiment. — Saragosse, 1809; Lérida, 1810; Montserrat, 1811; Sagonte, 1811.

115e régiment. — Saragosse, 1809; Lérida, 1810; Tarragone, 1811; Toulouse, 1814.

116e régiment. — Tudela, 1808; Saragosse, 1809; Lérida, 1810; Tarragone, 1811.

117e régiment. — Tudela, 1808; Saragosse, 1809; Lérida, 1810; Tarragone, 1814.

118e régiment. — Col-Ardente. 1794; Loano, 1795; Arapiles, 1812; Arcis-sur-Aube, 1814.

119e régiment. — Burgos, 1808; Santander; 1809; Arapiles, 1812.

120e régiment. — Rio-Secco, 1808; Santander, 1809; Arapiles, 1812; Toulouse, 1814.

121e régiment. — Mondovi, 1796; Saragosse, 1809; Taragone, 1811; Lützen, 1813.

122e régiment. — Oporto, 1809; Arapiles, 1812; Lützen, 1813; Kabylie, 1871.

123e régiment. — Fleurus, 1794; Polotsk, 1812; la Bérésina, 1812; Lützen, 1813.

124e régiment. — La Moskowa, 1812; la Bérésina, 1812; Lützen, 1813; Bautzen, 1813.

125e régiment. — La Bérésina, 1812.

126e régiment. — La Bérésina, 1812.

127e régiment. — Smolensk, 1812; la Moskowa, 1812; la Bérésina, 1812; Paris, 1814.

128e régiment. — Polotsk, 1812; la Bérésina, 1812; Lützen, 1813; Bautzen, 1813.

129e régiment. Loano, 1795; Smolensk, 1812; la Moskowa, 1812; la Bérésina, 1812.

130e régiment. — Loano, 1795; Burgos, 1812; Montmirail, 1814; Arcis-sur-Aube, 1814.

131e régiment. — La Bérésina, 1812; Lützen, 1813; Bautzen, 1813.

132e régiment. — Manheim, 1794; Lützen, 1813; Bautzen, 1813; Rosnay (1 contre 8), 1814.

133e régiment. — Wolkowisk, 1812; Kalisch, 1813; Bautzen, 1813; Leipzig, 1813.

134e régiment. — Lützen, 1813; Bautzen, 1813; Magdebourg, 1813-1814.

135e régiment. — Lützen, 1813; Goldberg, 1813; Hanau, 1813.

136e régiment. — Lützen, 1813; Bautzen, 1813; Montmirail, 1814; Paris, 1814.

137e régiment. — Lützen, 1813; Bautzen, 1813; Hanau, 1813.

138e régiment. — Luxembourg, 1795; Lützen, 1813, Bautzen, 1813; Montmirail, 1814.

139e régiment. — Kaiserslautern, 1794; Lützen, 1813; Bautzen, 1813.

140e régiment. — Lützen, 1813; Bautzen, 1813; Wachau, 1813.

141e régiment. — Saint-Domingue, 1795; Lützen, 1813; Bautzen, 1813; Hanau, 1813.

142e régiment. — Lützen, 1813; Bautzen, 1813; Champaubert, 1814; Montmirail, 1814.

143e régiment. — Ribas, 1813; Molins-del-Rey, 1814.

144e régiment. — Lützen, 1813; Bautzen, 1813; Champaubert, 1814; Montmirail, 1814.

### CHASSEURS A PIED

Du 1er au 30e bataillon. — Isly, 1844; Sidi-Brahim, 1845; Sébastopol, 1854-1855; Solférino, 1859 :

### ZOUAVES

1er régiment. — Constantine, 1837; Sébastopol, 1854-1855; Melegnano, 1859; Puebla, 1863.
2e régiment. — Laghouat, 1852; Sébastopol, 1854-1855; Magenta, 1859; Puebla, 1863.
3e régiment. — Sébastopol, 1854-1855; Kabylie, 1857; Palestro, 1857; San-Lorenzo, 1863.
4e régiment. — Aucune.

### TIRAILLEURS ALGÉRIENS

1er régiment. — Laghouat, 1852, Sébastopol, 1854-1855; Turbigo, 1859; San-Lorenzo, 1863.
2e régiment. — Laghouat, 1852; Sébastopol, 1854-1855; Solférino, 1859; San-Lorenzo, 1863.
3e régiment. — Laghouat, 1852; Sébastopol, 1854-1855; Solférino, 1859; San-Lorenzo, 1863.

### LÉGION ÉTRANGÈRE

Sébastopol, 1855; Kabylie, 1857; Magenta, 1859; Camaron, 1863.

## CAVALERIE

### CUIRASSIERS

1er régiment. — Jemmapes, 1792; Austerlitz, 1805; Eylau, 1807; la Moskowa, 1812.
2e régiment. — Marengo, 1800; Austerlitz, 1805; la Moskowa, 1812; Vauchamps, 1814.
3e régiment. — Marengo, 1800; Austerlitz, 1805; la Moskowa, 1812; Champaubert, 1814.
4e régiment. — Fleurus, 1794; Heilsberg, 1807; Wagram, 1806; Dresde, 1813.
5e régiment. — Rivoli, 1797; Austerlitz, 1805; Wagram, 1809; la Moskowa, 1812.
6e régiment. — Fleurus, 1794; Hohenlinden, 1800; Wagram, 1809; la Moskowa, 1812.
7e régiment. — Valmy, 1792; Essling, 1809; la Bérésina, 1812; Dresde, 1813.

8e régiment. — Fleurus, 1794 ; Wagram, 1809 ; la Moskowa, 1812 ; Hanau, 1813.

9e régiment. — Hohenlinden, 1800 ; Austerlitz, 1805 ; la Moskowa, 1812 ; Fleurus, 1815.

10e régiment. — Fleurus, 1794 ; Austerlitz, 1805 ; Eckmühl, 1809 ; la Moskowa, 1812.

11e régiment. — Hohenlinden, 1800 ; Austerlitz, 1805 ; Eckmühl, 1809 ; la Moskowa, 1812.

12e régiment. — Austerlitz, 1805 ; Iéna, 1806 ; la Moskowa, 1812 ; Solférino, 1859.

### DRAGONS

1er régiment. — Marengo, 1800 ; Austerlitz, 1805 ; Iéna, 1806 ; Friedland, 1807.

2e régiment. — Zurich, 1799 ; Hohenlinden, 1800 ; Austerlitz, 1805 ; Iéna, 1806.

3e régiment. — Arcole, 1796 ; Austerlitz, 1805 ; Iéna, 1806 ; Friedland, 1807.

4e régiment. — Valmy, 1792 ; Aldenhoven, 1794 ; Eylau, 1807 ; Médellin, 1809.

5e régiment. — Wattignies, 1793 ; Arcole, 1796 ; Austerlitz, 1805 ; Eylau, 1807.

6e régiment. — Marengo, 1800 ; Austerlitz, 1805 ; Friedland, 1807 ; Kanghill, 1855.

7e régiment. — Wagram, 1809 ; la Moskowa, 1812 ; Dresde, 1813 ; Kanghil, 1855.

8e régiment. — Rivoli, 1797 ; Marengo, 1800 ; Austerlitz, 1805 ; Heilsberg, 1807.

9e régiment. — Arcole, 1796 ; Marengo, 1800 ; Austerlitz, 1805 ; Eylau, 1807.

10e régiment. — Fleurus, 1794 ; Austerlitz, 1805 ; Eylau, 1807 ; Friedland, 1807.

11e régiment. — Fleurus, 1794 ; Austerlitz, 1805, Heilsberg, 1807 ; Lützen, 1813.

12e régiment. — Jemmapes, 1792 ; Austerlitz, 1805 ; Heilsberg, 1807 ; Ocana, 1809.

13e régiment. — Hohenlinden, 1800 ; Austerlitz, 1805 ; Iéna, 1806 ; la Moskowa, 1812.

14e régiment. — Eylau, 1807 ; Malojaroslawetz, 1812 ; Dresde, 1813 ; Solférino, 1859.

15e régiment. — Polotsk, 1812; Bautzen, 1813; Desdre, 1813 ; Champaubert, 1814.

16e régiment. — La Moskowa. 1812; Hanau, 1813; Vauchamps, 1814; Fleurus, 1815.

17e régiment. — La Moskowa, 1812; Bautzen, 1813; Dresde, 1813 ; Champaubert, 1814.

18e régiment. — La Moskowa, 1812; Hanau, 1813; Champaubert, 1814 ; Fleurus, 1815.

19e régiment. — Polotsk, 1812; Bautzen, 1813; Dresde, 1813; Champaubert, 1814.

20e régiment. — Les Pyramides, 1798; Iéna, 1806; Friedland, 1807 ; Albuhera, 1811.

21e régiment. — Iéna, 1806 ; Eylau, 1807; Almonacid, 1809 ; Ocana, 1809.

22e régiment. — Austerlitz, 1805 ; Iéna, 1806 ; Eylau, 1807, Oporto, 1808.

23e régiment — Mayence, 1793 ; Marengo, 1800; Wagram, 1809 ; la Moskowa, 1812.

24e régiment. Kehl, 1796 ; Engen, 1800; Villafranca, 1810 ; Sagonte, 1811.

25e régiment. — Austerlitz, 1805 ; Iéna, 1806 ; Eylau, 1807; Ciudad-Rodrigo, 1810.

26e régiment. — Austerlitz, 1805; Iéna, 1806; Eylau, 1807; Friedland, 1807.

### CHASSEURS

1er régiment. — Hohenliden, 1800; Austerlitz, 1805; Wagram, 1809 ; la Moskowa, 1812.

2e régiment. — Eylau, 1807 ; Wagram, 1809 ; la Moskowa, 1812 ; Solférino, 1859.

3e régiment. — Jemmapes, 1792; Maëstricht, 1794 ; Wagram, 1809 ; Krasnoï, 1812.

4e régiment. — Biberach, 1796; la Moskowa, 1812; Magenta, 1859 ; Solférino, 1859.

5e régiment. — Zurich, 1799 ; Hohenlinden, 1800 ; Austerlitz, 1805 ; Friedland, 1807.

6e régiment. — Jemmapes, 1792; Fleurus, 1794 ; Wagram, 1809 ; la Moskowa, 1812.

7e régiment. — Eylau, 1807; Polotsk, 1812; Magenta, 1859; Solférino, 1859.

8e régiment. — Zurich, 1799; Hohenliden, 1800; Wagram, 1809; la Moskowa, 1812.

9e régiment. — Fleurus, 1794; Wagram, 1809; la Moskowa, 1812; Champaubert, 1814.

10e régiment. — Castiglione, 1796; Iéna, 1806; Friedland, 1807; Soiférino, 1859.

11e régiment. — Jemmapes, 1792, Austerlitz, 1805; Wagram, 1809; la Moskowa, 1812.

12e régiment. — Jemmapes, 1792; Austerlitz, 1805; Alger; 1830; Puebla, 1863.

13e régiment. — Austerlitz, 1805; Iéna, 1806; Magenta, 1859; Solférino, 1859.

14e régiment. — Wagram, 1809; Dresde, 1813; Champaubert, 1814; Montmirail, 1814.

15e régiment. — Vérone, 1799; Friedland, 1807; Alba-de-Tormès, 1809; Villadiégo, 1812.

16e régiment. — Austerlitz, 1805; Iéna, 1806; Eylau, 1807; Wagram. 1809,

17e régiment. — Blidah, 1830.

18e régiment. — Mataro, 1823.

19e régiment. — Fleurus, 1794; Dantzig, 1807; Wagram, 1809; la Moskowa, 1812.

20e régiment. — Hohenlinden, 1800; Iéna, 1806; Wagram, 1809; Fuentès-de-Onoro, 1811.

### HUSSARDS

1er régiment. — Jemmapes, 1792; Castiglione, 1796; Eylau, 1807; Sébastopol, 1855.

2e régiment· — Austerlitz, 1805; Friedland, 1807; Isly, 1844; Solférino; 1859.

3e régiment. — Iéna, 1806; Eylau, 1807; Friedland, 1807; Montereau, 1814.

4e régiment. — Hohenlinden, 1800; Austerlitz, 1805; Friedland, 1807; Kanghil, 1855.

5e régiment. — Iéna, 1806; la Moskowa, 1812; Solférino, 1859; Puebla, 1863.

6e régiment. — Jemmapes, 1792; la Moskowa, 1812; Dresde, 1813; Champaubert, 1814.

7e régiment. — Iéna, 1860; Heilsberg, 1807; la Moskowa, 1812; Hanau, 1812.

8e régiment. — Stokach, 1800 ; Austerlitz, 1805 ; Iéna 1806 ; Wagram, 1809.

9e régiment. — Zurich, 1799 ; Iéna, 1806 ; Wagram, 1809 ; la Moskowa, 1812.

10e régiment. — La Moskowa, 1812 ; Bautzen, 1813 ; Dresde, 1813 ; Vauchamps, 1814.

11e régiment. — Marengo, 1800 ; Austerlitz, 1805 ; Stralsund, 1807 ; Wagram, 1809.

12e régiment. — Marengo, 1800 ; Lyon

### CHASSEURS D'AFRIQUE

1er régiment. — Isly, 1844 ; Balaklava, 1854 ; Solférino, 1859 ; San-Pablo-del-Monte, 1863.

2e régiment. — Isly, 1844 ; Sébastopol, 1855 ; Solférino, 1859 ; Puebla, 1863.

3e régiment. — Constantine, 1837 ; Sébastopol, 1855 ; Solférino, 1859 ; Puebla, 1863.

4e régiment. — Millianah, 1842 ; Taguin, 1843 ; Isly, 1844 ; Balaklava, 1854.

### SPAHIS

1er régiment. — Taguin, 1843 ; Isly, 1844 ; Temda 1845 ; Zaatcha, 1849.

2e régiment — Sidi-lahia, 1841 ; Isly, 1844 ; les Chotts, 1844 ; Brezina, 1845.

3e régiment. — Constantine, 1837 ; Biskara, 1844 ; l'Aurès, 1844-1845 ; Zaatcha, 1849.

### ARTILLERIE

1er régiment. — Friedland, 1807 ; la Moskowa, 1812 ; Anvers, 1832 ; Sébastopol, 1854-1855.

2e régiment. — Les Pyramides, 1798 ; la Moskowa, 1812 ; Sébastopol, 1854-1855 ; Solférino, 1859.

3e régiment. — Austerlitz, 1805 ; Saragosse, 1809 ; Sébastopol 1854-1855 ; Solférino 1859.

4e régiment. — Héliopolis 1800 ; Lützen, 1813 ; Constantine, 1837 ; Sébastopol, 1854-1855.

5e régiment. — Wissembourg, 1793 ; Wagram, 1809 ; Sébastopol, 1854-1855 ; Solférino, 1859.

6e régiment. — Hohenlinden, 1800 ; Iéna, 1806 ; Sébastopol, 1854-1855 ; Solférino, 1859.

7e régiment. — Jemmapes, 1792 ; Alger, 1830 ; Sébastopol, 1854-1855 ; Magenta, 1859.

8e régiment. — Austerlitz, 1805 ; Friedland, 1807 ; Sébastopol, 1854-1855 ; Solférino, 1859.

9e régiment. — La Moskowa, 1812 ; Constantine, 1837 ; Sébastopol, 1854-1855 ; Magenta, 1859.

10e régiment. — Constantine, 1837 ; Sébastopol, 1855 ; Solférino ; 1859 ; Palikao, 1860.

11e régiment. — Anvers, 1832 ; Zaatcha, 1849 ; Sébastopol, 1854-1855 ; Solférino, 1859.

12e régiment. — Mouzaïa, 1840 ; Zaatcha, 1840 ; Sébastopol, 1854-1855 ; Solférino, 1859.

13e régiment. — Constantine, 1837 ; Zaacha, 1849 ; Sébastopol, 1854-1855 ; Solférino, 1859.

14e régiment. — Constantine, 1837, Sébastopol, 1854-1855 ; Magenta, 1857 ; Palikao, 1860.

15e régiment. — Aucune.

16e régiment. — Aucune.

17e régiment. — Sébastopol, 1854-1855 ; Solférino, 1859

18e régiment. — Aucune.

19e régiment. — Sébastopol, 1854-1855 ; Solférino, 1859

20e régiment. — Sébastopol, 1854-1855 ; Solférino, 1859.

21e régiment. — Aucune.

22e régiment. — Aucune.

23e régiment. — Sébastopol, 1855, Solférino, 1859 ; Puebla, 1863.

24e régiment. — Sébastopol, 1855 ; Solférino, 1859.

Du 25e au 38e régiment. — Aucune.

## PONTONNIERS

1er régiment. — Passage du Rhin, 1795 ; passage de l'Adige, 1801 ; passage du Danube, 1809, passage de la Bérésina, 1812.

2e régiment. — Passage du Rhin, 1795 ; passage de l'Adige, 1801 ; passage du Danube, 1809 ; passage de la Bérésina, 1812.

### ÉQUIPAGES MILITAIRES

Le train des équipages militaires a un étendard unique; Espagne, 1808; Russie, 1812; Algérie, 1830-1879; Crimée, 1854-1855.

### GÉNIE

1er régiment. — Alger, 1830; Anvers, 1832; Constantine 1837; Sébastopol, 1854-1855.

2e régiment. — Constantine. 18 37; Zaatcha, 1849; Sébastopol, 1854-1855; Puebla, 1863.

3e régiment. — Château de Morée, 1828; Alger, 1830; Constantine, 1837; Sébastopol, 1854-1855.

### GARDE RÉPUBLICAINE

Infanterie et cavalerie. — Valeur et discipline.

### SAPEURS-POMPIERS DE PARIS

Dévouement et discipline.

### ARMÉE TERRITORIALE

Par décision ministérielle du 12 mai 1879, il a été décidé que dans l'armée territoriale, les régiments d'infanterie seuls recevront des drapeaux. Ces drapeaux ne porteront aucune inscription de bataille.

# TABLE DES CHAPITRES

## I

Anciens emblèmes. — L'emblème des Gaulois; des Francs-Ripuaires. — La chape de Saint-Martin. — Clovis à la bataille de Vouillé. — Charles Martel et la chape de Saint-Martin. — Les symboles militaires sous Charlemagne. — La bannière de France. — L'oriflamme de l'abbaye de Saint-Denis. — Philippe-Auguste lève l'oriflamme. — Serment des chevaliers porte-oriflamme. — Bataille de Bouvines; lutte que soutient Gall de Montigny. — Les Français s'emparent de l'étendard de l'empereur Othon. — Mort du porte-oriflamme Auscau de Chevreuse . . . . . . . . . . . . . . . 13

## II

### 1422 — 1789

La bannière sous Charles VII. — La croix blanche et la croix rouge. — Étendard des Francs-Archers. — Raoul de Lannois à l'assaut du Quesnoi — Origine du mot *drapeau*. — La cornette royale. — Le drapeau blanc du colonel-général. — Henri IV et son panache blanc. — Bataille d'Ivry; le duc de Mayenne perd sa cornette blanche. — Drapeaux des régiments. — Les 30 drapeaux des gardes-françaises. — Les drapeaux sous Louis XIV. — Anecdotes. . . . . . . 27

## III

### 1789—1804

Le drapeau des gardes-françaises après la prise de la Bastille. — Le nouveau drapeau aux trois couleurs. — Inscriptions sur les drapeaux des demi-brigades. — Le drapeau d'Arcole; récompense nationale aux généraux Bonaparte et Augereau; lettre à Lannes. — Le drapeau de l'armée d'Italie; fête en son honneur. — Anecdotes. . . . . . . . . . . 39

## IV

### 1804 — 1815

Napoléon met une aigle aux drapeaux. — Cérémonie au Champ de Mars. — Victoires en Allemagne et en Italie. — La ville de Paris décerne des couronnes d'or aux drapeaux de la Grande Armée. — Les porte-aigles; leurs prérogatives. — Le drapeau en 1811. — Le 127$^e$ de ligne. — Le 84$^e$ de ligne; inscription sur son drapeau : *Un contre dix*. — Anecdotes. . . . . . . . . . . . . . . . 50

## V

### 1814 — 1830

Le drapeau blanc remplace les trois couleurs. — Distribution à l'armée et à la garde nationale. — La cornette blanche du régiment du Roi-Cuirassiers. — Forme du drapeau en 1815, en 1816 et sous Charles X. — Guerres d'Espagne et de Morée — Premières campagnes d'Afrique. . . . . . . . 59

## VI

### 1830 — 1852

La France reprend le drapeau tricolore. — Cocarde nationale.— Drapeaux et fanions des régiments. — Campagnes d'Afrique.

TABLE DES CHAPITRES. 241

— Les états de services du drapeau de Mazagran. — Le chasseur Geffine. — Le drapeau en 1848. — Campagne de Rome. — Anecdotes. . . . . . . . . . . . . 64

## VII

## 1852 — 1864

L'aigle reparaît sur les drapeaux. — Distribution des nouveaux insignes. — Le drapeau du 2e de zouaves à Laghouat. — Campagne de Crimée : le colonel Cler à l'Alma ; le colonel Brancion et l'aigle du 50e ; mort du colonel Filliol de Camas ; le drapeau du 91e à l'assaut du 18 juin. — Campagne d'Italie : la défense du drapeau. — Anecdotes. — Les drapeaux décorés. — Campagne du Mexique. — Anecdotes. . . 74

## VIII

## 1870 — 1875

Campagne de 1870. — La défense du drapeau du 91e à Vionville. — Les sergents Garnier et Perrin. — Le drapeau du 3e de ligne; celui du 89e est détruit et enterré. — Le fourrier Royaunez. — Anecdotes. — Cauvez sauve le drapeau du 13e de ligne. — Le 1er de ligne à Borny ; mort du général Brayer. — Metz et la capitulation. — Le brûlement des drapeaux. — Paroles du général Pourcet sur le drapeau. — Le drapeau actuel. . . . . . . . . . . . 92

## ÉPHÉMÉRIDES DU DRAPEAU

Janvier. . . . . . . . . . . . . . 111
Février. . . . . . . . . . . . . . 120
Mars. . . . . . . . . . . . . . . 127
Avril. . . . . . . . . . . . . . . 135
Mai. . . . . . . . . . . . . . . . 142
Juin. . . . . . . . . . . . . . . . 151

242    TABLE DES MATIÈRES.

| | |
|---|---:|
| Juillet. | 164 |
| Août. | 173 |
| Septembre. | 183 |
| Octobre. | 194 |
| Novembre. | 203 |
| Décembre. | 211 |
| **APPENDICE.** | 221 |
| Liste des noms de batailles inscrits sur les drapeaux et étendards. | 225 |

3121. — PARIS. IMPRIMERIE LALOUX FILS ET GUILLOT

7, rue des Canettes, 7

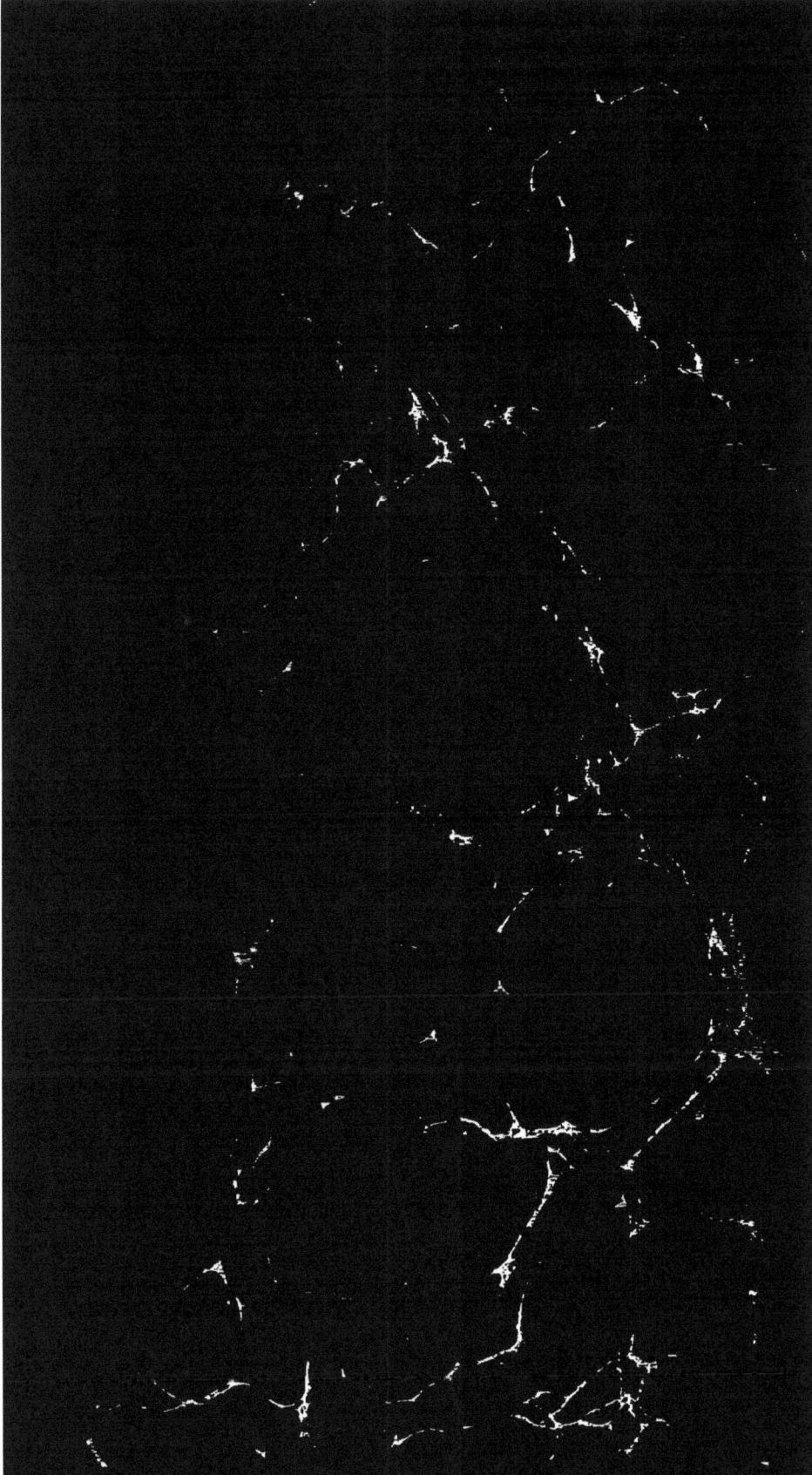

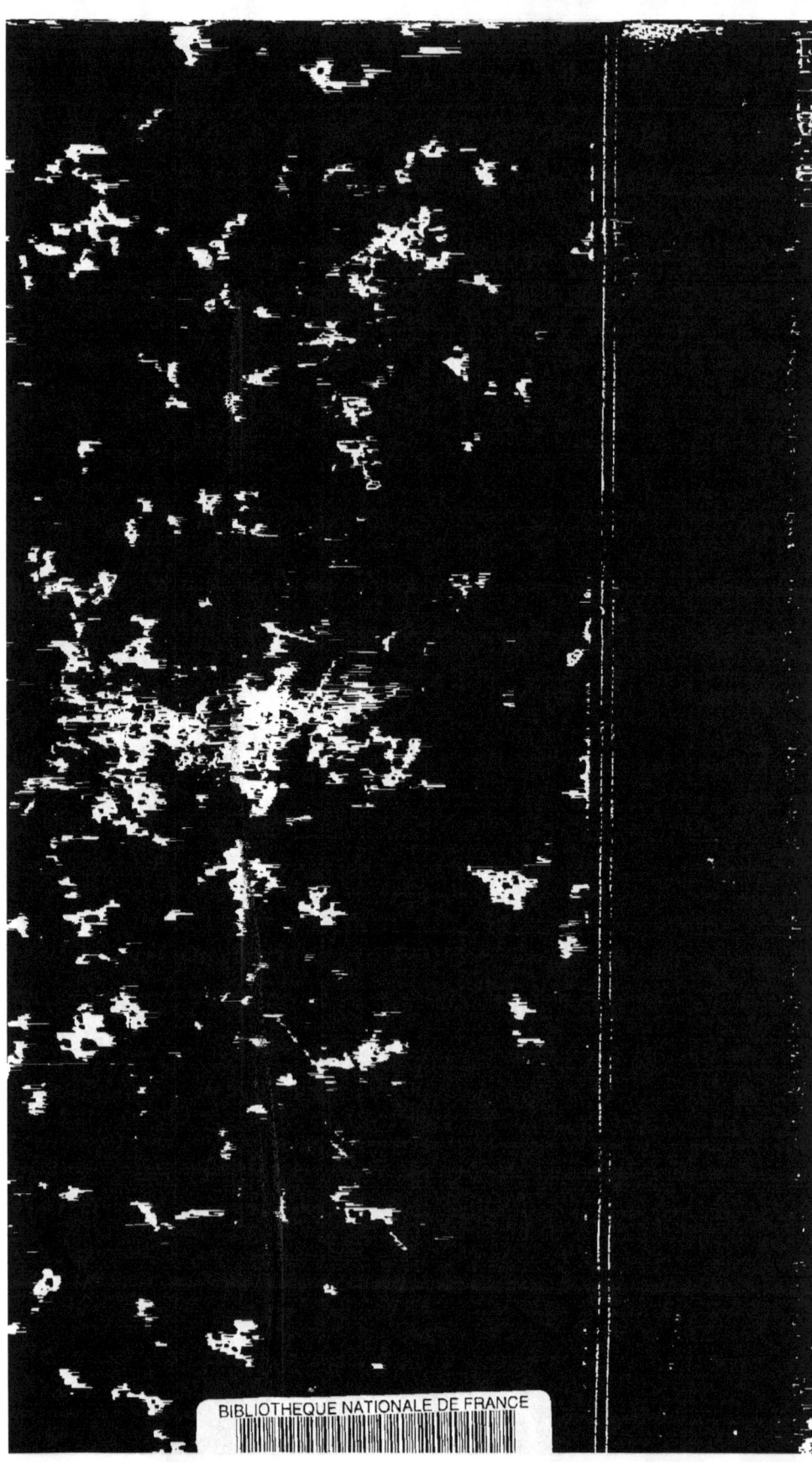

www.ingramcontent.com/pod-product-compliance
Lightning Source LLC
Chambersburg PA
CBHW070639170426
43200CB00010B/2078